南無本師釋迦牟尼佛

索達吉堪布 著

能斷

金剛經給你強大

手捧《金剛經》，能斷一切苦

每個人的人生，都充滿了起伏不定、喜怒哀樂，這一切看似實實在在，但你若學了《金剛經》，就會明白：它並不是人生的真相。只有斷除了對萬法的執著，通達本來無「我」，才會懂得人生到底是什麼。

要知道，我們痛苦的根源，唯一就是執著。哪怕它只有針尖那麼小，也會引來綿綿不斷的苦楚。每個人對於執著的東西，得到了，會患得患失；失去了，就傷心欲絕。假如沒有執著，任何痛苦皆與你無緣。

現在有些人不管信不信佛，口頭上都會說不要執著，認為「一切皆空，不執著惡，也不執著善」，進而不辨取捨，做很多事情肆無忌憚。但實際上，他們津津樂道的「不執著」，也是一種極大的執著，而且是更為可怕的空執。佛陀曾諄諄告誡：寧可執著「有」如須彌山那麼大，也不能執著「無」如芥子那麼小。

那麼，應當如何正確地斷除執著，才不至於誤入歧途呢？《金剛經》中給了我們一個完美的答案——在勝義諦中，什麼都不存在，善惡也是一種執著；但在世俗諦中，萬法會如夢如幻地顯現，因果規律毫不錯謬，故一定要斷惡行善。

所以，在沒有明心見性之前，我們必須要執著善的、對的，這就相當於渡河的舟船，未到彼岸不能將它捨棄，否則，在河中就把船給扔了，結果會怎麼樣？你我都很清楚。

當然，假如你不太懂《金剛經》的經義，它也並非對你沒有加持和利益。當自己遭逢磨難、疾病、不順時，單單是抄寫或念誦一遍此經，就有利於逢凶化吉、遇難成祥。甚至只是把它放在家裡，或帶在身邊，此處也相當於有了佛塔，能夠化解諸般災禍，增添無邊吉祥。

總之，《金剛經》的功德不可思議，有緣見到它、聽到它、接觸它的人，皆能迅速斬斷痛苦之根，到達永恆安樂的彼岸。這一點，不管你是否信仰佛教，都會如此！

索達吉　2013·2·20

目次

【中善經義篇】

金剛般若波羅蜜經

姚秦三藏法師鳩摩羅什　譯

第一品　法會因由——

如是我聞，一時，佛在舍衛國祇樹給孤獨園，與大比丘眾，千二百五十人俱。爾時，世尊食時，著衣持缽，入舍衛大城乞食。於其城中，次第乞已，還至本處。飯食訖，收衣缽，洗足已，敷座而坐。

第二品　善現啟請——

時，長老須菩提，在大眾中，即從座起，偏袒右肩，右膝著地，合掌恭敬而白佛言：「希有，世尊，如來善護念諸菩薩，善付囑諸菩薩。世尊，善男子、善女人，發阿耨多羅三藐三菩提心，云何應住？云何降伏其心？」

佛言：「善哉，善哉！須菩提，如汝所說，如來善護念諸菩薩，善付囑諸菩薩。汝今諦聽，當為汝說。善男子、善女人，發阿耨多羅三藐三菩提心，應如是住，如是降伏其心。」

「唯然，世尊，願樂欲聞。」

第三品　大乘正宗——

佛告須菩提：「諸菩薩摩訶薩應如是降伏其心：所有一切眾生之類，若卵生、若胎生、若濕生、若化生，若有色、若無色，若有想、若無想，若非有想非無想，我皆令入無餘涅槃而滅度之。

如是滅度無量無數無邊眾生，實無眾生得滅度者。何以故？須菩提，若菩薩有我相、人相、眾生相、壽者相，即非菩薩。」

第四品　妙行無住

「復次，須菩提，菩薩於法，應無所住行於布施。所謂不住色布施，不住聲、香、味、觸、法布施。須菩提，菩薩應如是布施，不住於相。何以故？若菩薩不住相布施，其福德不可思量。須菩提，於意云何？東方虛空，可思量不？」

「不也，世尊。」

「須菩提，南西北方，四維上下虛空，可思量不？」

「不也，世尊。」

「須菩提，菩薩無住相布施，福德亦復如是不可思量。須菩提，菩薩但應如所教住。」

第五品　如理實見

「須菩提，於意云何？可以身相見如來不？」

「不也，世尊，不可以身相得見如來。何以故？如來所說身相，即非身相。」

佛告須菩提：「凡所有相，皆是虛妄，若見諸相非相，則見如來。」

第六品　正信希有——

須菩提白佛言：「世尊，頗有眾生，得聞如是言說章句，生實信不？」

佛告須菩提：「莫作是說。如來滅後，後五百歲，有持戒修福者，於此章句能生信心，以此為實。當知是人，不於一佛、二佛、三四五佛而種善根，已於無量千萬佛所種諸善根。聞是章句，乃至一念生淨信者，須菩提，如來悉知悉見，是諸眾生得如是無量福德。何以故？是諸眾生無復我相、人相、眾生相、壽者相，無法相，亦無非法相。何以故？是諸眾生，若心取相，則為著我、人、眾生、壽者。若取法相，即著我、人、眾生、壽者。何以故？若取非法相，即著我、人、眾生、壽者。是故不應取法，不應取非法。以是義故，如來常說：汝等比丘，知我說法，如筏喻者，法尚應捨，何況非法？」

第七品　無得無說——

「須菩提，於意云何？如來得阿耨多羅三藐三菩提耶？如來有所說法耶？」

須菩提言：「如我解佛所說義，無有定法名阿耨多羅三藐三菩提，亦無有定法如來可說。何以故？如來所說法，皆不可取、不可說，非法，非非法。所以者何？一切賢聖，皆以無為法而有差別。」

第八品 依法出生——

「須菩提，於意云何？若人滿三千大千世界七寶，以用布施，是人所得福德，寧為多不？」

須菩提言：「甚多，世尊。何以故？是福德，即非福德性。是故如來說福德多。」

「若復有人，於此經中，受持乃至四句偈等，為他人說，其福勝彼。何以故？須菩提，一切諸佛，及諸佛阿耨多羅三藐三菩提法，皆從此經出。須菩提，所謂佛法者，即非佛法。」

第九品 一相無相——

「須菩提，於意云何？須陀洹能作是念『我得須陀洹果』不？」

須菩提言：「不也，世尊。何以故？須陀洹名為入流，而無所入，不入色、聲、香、味、觸、法，是名須陀洹。」

「須菩提，於意云何？斯陀含能作是念『我得斯陀含果』不？」

須菩提言：「不也，世尊。何以故？斯陀含名一往來，而實無往來，是名斯陀含。」

「須菩提，於意云何？阿那含能作是念『我得阿那含果』不？」

須菩提言：「不也，世尊。何以故？阿那含名為不來，而實無不來，是故名阿那含。」

「須菩提，於意云何？阿羅漢能作是念『我得阿羅漢道』不？」

須菩提言：「不也，世尊。何以故？實無有法名阿羅漢。世尊，若阿羅漢作是念，我得阿羅漢道，即為著我、人、眾生、壽者。世尊，佛說我得無諍三昧，人中最為第一，是第一離欲阿羅漢。我不作是念，我是離欲阿羅漢。世尊，我若作是念，我得阿羅漢道，世尊則不說須菩提是樂阿蘭那行者，以須菩提實無所行，而名須菩提是樂阿蘭那行。」

第十品　莊嚴淨土——

佛告須菩提：「於意云何？如來昔在燃燈佛所，於法有所得不？」

「不也，世尊。如來在燃燈佛所，於法實無所得。」

「須菩提，於意云何？菩薩莊嚴佛土不？」

「不也，世尊。何以故？莊嚴佛土者，即非莊嚴，是名莊嚴。」

「是故，須菩提，諸菩薩摩訶薩，應如是生清淨心，不應住色生心，不應住聲、香、味、觸、法生心，應無所住而生其心。須菩提，譬如有人，身如須彌山王，於意云何？是身為大不？」

須菩提言：「甚大，世尊。何以故？佛說非身，是名大身。」

第十一品　無為福勝——

「須菩提，如恆河中所有沙數，如是沙等恆河，於意云何？是諸恆河沙寧為多不？」

須菩提言：「甚多，世尊。但諸恆河尚多無數，何況其沙。」

「須菩提，我今實言告汝，若有善男子、善女人，以七寶滿爾所恆河沙數三千大千世界，以用布施，得福多不？」

須菩提言：「甚多，世尊。」

佛告須菩提：「若善男子、善女人，於此經中，乃至受持四句偈等，為他人說，而此福德，勝前福德。」

第十二品　尊重正教

「復次，須菩提，隨說是經，乃至四句偈等，當知此處，一切世間天、人、阿修羅，皆應供養，如佛塔廟，何況有人盡能受持、讀誦。須菩提，當知是人成就最上第一希有之法。若是經典所在之處，則為有佛，若尊重弟子。」

第十三品　如法受持

爾時，須菩提白佛言：「世尊，當何名此經？我等云何奉持？」

佛告須菩提：「是經名為《金剛般若波羅蜜》，以是名字，汝當奉持。所以者何？須菩提，佛說般若波羅蜜，即非般若波羅蜜。須菩提，於意云何？如來有所說法不？」

須菩提白佛言：「世尊，如來無所說。」

「須菩提，於意云何？三千大千世界所有微塵，是為多不？」

須菩提言：「甚多，世尊。」

「須菩提，諸微塵，如來說非微塵，是名微塵。如來說世界，非世界，是名世界。須菩提，於意云何？可以三十二相見如來不？」

「不也，世尊。不可以三十二相得見如來。何以故？如來說三十二相，即是非相，是名三十二相。」

「須菩提，若有善男子、善女人，以恒河沙等身命布施，若復有人，於此經中，乃至受持四句偈等，為他人說，其福甚多。」

第十四品　離相寂滅——

爾時，須菩提聞說是經，深解義趣，涕淚悲泣，而白佛言：「希有，世尊。佛說如是甚深經典，我從昔來所得慧眼，未曾得聞如是之經。世尊，若復有人，得聞是經，信心清淨，則生實相，當知是人，成就第一希有功德。世尊，是實相者，則是非相，是故如來說名實相。世尊，我今得聞如是經典，信解受持不足為難，若當來世，後五百歲，其有眾生，得聞是經，信解受持，是人則為第一希有。何以故？此人無我相、人相、眾生相、壽者相。所以者何？我相即是非相，人相、眾生相、壽者相即是非相。何以故？離一切諸相，則名諸佛。」

佛告須菩提：「如是，如是。若復有人，得聞是經，不驚、不怖、不畏，當知是人，甚為希有。

何以故？須菩提，如來說第一波羅蜜，即非第一波羅蜜，是名第一波羅蜜。須菩提，忍辱波羅蜜，如來說非忍辱波羅蜜。何以故？須菩提，如我昔為歌利王割截身體，我於爾時，無我相，無人相，無眾生相，無壽者相。何以故？我於往昔節節支解時，若有我相、人相、眾生相、壽者相，應生瞋恨。須菩提，又念過去於五百世作忍辱仙人，於爾所世，無我相、無人相、無眾生相、無壽者相。是故，須菩提，菩薩應離一切相，發阿耨多羅三藐三菩提心，不應住色生心，不應住聲、香、味、觸、法生心，應生無所住心。若心有住，則為非住。是故，佛說菩薩心不應住色布施。須菩提，菩薩為利益一切眾生，應如是布施。如來說一切諸相，即是非相，又說一切眾生，即非眾生。須菩提，如來是真語者、實語者、如語者、不誑語者、不異語者。須菩提，如來所得法，此法無實無虛。須菩提，若菩薩心住於法而行布施，如人入暗，則無所見。若菩薩心不住法而行布施，如人有目，日光明照，見種種色。須菩提，當來之世，若有善男子、善女人，能於此經受持讀誦，則為如來以佛智慧，悉知是人，悉見是人，皆得成就無量無邊功德。」

第十五品　持經功德

「須菩提，若有善男子、善女人，初日分以恆河沙等身布施，中日分復以恆河沙等身布施，後日分亦以恆河沙等身布施，如是無量百千萬億劫，以身布施。若復有人，聞此經典，信心不逆，其福勝彼，何況書寫、受持、讀誦、為人解說。須菩提，以要言之，是經有不可思議、不可稱量、無邊功德。如來為發大乘者說，為發最上乘者說。若有人能受持讀誦，廣為人說，如來悉知是人，悉見是人，皆得成就不可量、不可稱、無有邊、不可思議功德。如是人等，則為荷擔如來阿耨多羅三藐三菩提。何以故？須菩提，若樂小法者，著我見、人見、眾生見、壽者見，則於此經不能聽受讀誦、為人解說。須菩提，在在處處，若有此經，一切世間天、人、阿修羅所應供養，當知此處，則為是塔，皆應恭敬，作禮圍繞，以諸華香而散其處。」

第十六品　能淨業障——

「復次，須菩提，善男子、善女人，受持讀誦此經，若為人輕賤，是人先世罪業，應墮惡道，以今世人輕賤故，先世罪業則為消滅，當得阿耨多羅三藐三菩提。須菩提，我念過去無量阿僧祇劫，於燃燈佛前，得值八百四千萬億那由他諸佛，悉皆供養承事，無空過者。若復有人，於後末世，能受持讀誦此經，所得功德，於我所供養諸佛功德，百分不及一，千萬億分，乃至算數譬喻所不能及。須菩提，若善男子、善女人，於後末世，有受持讀誦此經，所得功德，我若具說者，或有人聞，心則狂亂，狐疑不信。須菩提，當知是經義不可思議，果報亦不可思議。」

第十七品　究竟無我——

爾時，須菩提白佛言：「世尊，善男子、善女人發阿耨多羅三藐三菩提心，云何應住？云何降伏其心？」

佛告須菩提：「善男子、善女人，發阿耨多羅三藐三菩提心者，當生如是心：我應滅度一切眾生，滅度一切眾生已，而無有一眾生實滅度者。何以故？須菩提，若菩薩有我相、人相、眾生相、壽者相，則非菩薩。所以者何？須菩提，實無有法發阿耨多羅三藐三菩提心者。須菩提，於意云何？如來於燃燈佛所，有法得阿耨多羅三藐三菩提不？」

「不也，世尊。如我解佛所說義，佛於燃燈佛所，無有法得阿耨多羅三藐三菩提。」

佛言：「如是，如是。須菩提，實無有法，如來得阿耨多羅三藐三菩提。須菩提，若有法如來得阿耨多羅三藐三菩提者，燃燈佛則不與我授記：汝於來世，當得作佛，號釋迦牟尼。以實無有法得阿耨多羅三藐三菩提，是故燃燈佛與我授記，作是言：汝於來世，當得作佛，號釋迦牟尼。何以故？如來者，即諸法如義。若有人言：如來得阿耨多羅三藐三菩提。須菩提，實無有法，佛得阿耨多羅三藐三菩提。須菩提，如來所得阿耨多羅三藐三菩提，於是中無實無虛，是故如來說一切法皆是佛法。須菩提，所言一切法者，即非一切法，是故名一切法。須菩提，譬如人身長大。」

須菩提言：「世尊，如來說人身長大，則為非大身，是名大身。」

「須菩提，菩薩亦如是。若作是言，我當滅度無量眾生，則不名菩薩。何以故？須菩提，實無有法名為菩薩。是故佛說：一切法無我、無人、無眾生、無壽者。須菩提，若菩薩作是言，我當莊嚴佛土，是不名菩薩。何以故？如來說莊嚴佛土者，即非莊嚴，是名莊嚴。須菩提，若菩薩通達無我法者，如來說名真是菩薩。」

第十八品　一體同觀——

「須菩提，於意云何？如來有肉眼不？」

「如是，世尊。如來有肉眼。」

「須菩提，於意云何？如來有天眼不？」

「如是，世尊。如來有天眼。」

「須菩提，於意云何？如來有慧眼不？」

「如是，世尊。如來有慧眼。」

「須菩提，於意云何？如來有法眼不？」

「如是，世尊。如來有法眼。」

「須菩提，於意云何？如來有佛眼不？」

「如是，世尊。如來有佛眼。」

「須菩提，於意云何？恆河中所有沙，佛說是沙不？」

「如是，世尊。如來說是沙。」

「須菩提，於意云何？如一恆河中所有沙，有如是沙等恆河，是諸恆河所有沙數佛世界，如是寧為多不？」

「甚多，世尊。」

佛告須菩提：「爾所國土中，所有眾生，若干種心，如來悉知。何以故？如來說：諸心皆為非心，是名為心。所以者何？須菩提，過去心不可得，現在心不可得，未來心不可得。」

第十九品　法界通化——

「須菩提，於意云何？若有人滿三千大千世界七寶，以用布施，是人以是因緣，得福多不？」

「如是，世尊。此人以是因緣，得福甚多。」

「須菩提，若福德有實，如來不說得福德多，以福德無故，如來說得福德多。」

第二十品　離色離相——

「須菩提，於意云何？佛可以具足色身見不？」

「不也，世尊。如來不應以具足色身見。何以故？如來說具足色身，即非具足色身，是名具足色身。」

「須菩提，於意云何？如來可以具足諸相見不？」

「不也，世尊。如來不應以具足諸相見。何以故？如來說諸相具足，即非具足，是名諸相具足。」

第二十一品　非說所說——

「須菩提，汝勿謂如來作是念：我當有所說法。莫作是念，何以故？若人言如來有所說法，即為謗佛，不能解我所說故。須菩提，說法者，無法可說，是名說法。」

爾時，慧命須菩提白佛言：「世尊，頗有眾生，於未來世，聞說是法，生信心不？」

佛言：「須菩提，彼非眾生，非不眾生。何以故？須菩提，眾生眾生者，如來說非眾生，是名眾生。」

第二十二品　無法可得——

須菩提白佛言：「世尊，佛得阿耨多羅三藐三菩提，為無所得耶？」

佛言：「如是，如是。須菩提，我於阿耨多羅三藐三菩提，乃至無有少法可得，是名阿耨多羅三藐三菩提。」

第二十三品　淨心行善——

「復次，須菩提，是法平等，無有高下，是名阿耨多羅三藐三菩提。以無我、無人、無眾生、無壽者，修一切善法，則得阿耨多羅三藐三菩提。須菩提，所言善法者，如來說即非善法，是名善法。」

第二十四品　福智無比——

「須菩提，若三千大千世界中所有諸須彌山王，如是等七寶聚，有人持用布施。若人以此般若波羅蜜經，乃至四句偈等，受持、讀誦、為他人說，於前福德百分不及一，百千萬億分，乃至算數譬喻所不能及。」

第二十五品　化無所化——

「須菩提，於意云何？汝等勿謂如來作是念：我當度眾生。須菩提，莫作是念。何以故？實無有眾生如來度者。若有眾生如來度者，如來則有我、人、眾生、壽者。須菩提，如來說有我者，則非有我，而凡夫之人，以為有我。須菩提，凡夫者，如來說則非凡夫。」

第二十六品　法身非相——

「須菩提，於意云何？可以三十二相觀如來不？」

須菩提言：「如是，如是。以三十二相觀如來。」

佛言：「須菩提，若以三十二相觀如來者，轉輪聖王則是如來。」

須菩提白佛言：「世尊，如我解佛所說義，不應以三十二相觀如來。」

爾時，世尊而說偈言：

若以色見我，以音聲求我，
是人行邪道，不能見如來。
應觀佛法性，即導師法身，
法性非所識，故彼不能了。❶

第二十七品　無斷無滅——

「須菩提，汝若作是念：如來（不）❷以具足相故，得阿耨多羅三藐三菩提。須菩提，莫作是念，如來不以具足相故，得阿耨多羅三藐三菩提。須菩提，汝若作是念：發阿耨多羅三藐三菩提心者，說諸法斷滅。莫作是念！何以故？發阿耨多羅三藐三菩提心者，於法不說斷滅相。

第二十八品　不受不貪——

「須菩提，若菩薩以滿恆河沙等世界七寶，持用布施。若復有人知一切法無我，得成於忍，此菩薩勝前菩薩所得功德。何以故？須菩提，以諸菩薩不受福德故。」

須菩提白佛言：「世尊，云何菩薩不受福德？」

「須菩提，菩薩所作福德，不應貪著，是故說不受福德。」

第二十九品　威儀寂靜——

「須菩提，若有人言：如來若來若去，若坐若臥。是人不解我所說義。何以故？如來者，無所從來，亦無所去，故名如來。」

第三十品　一合相理——

「須菩提，若善男子、善女人，以三千大千世界碎為微塵，於意云何？是微塵眾寧為多不？」

「甚多，世尊。何以故？若是微塵眾實有者，佛則不說是微塵眾，所以者何？佛說微塵眾，則非微塵眾，是名微塵眾。世尊，如來所說三千大千世界，則非世界，是名世界。何以故？若世界實有者，則是一合相。如來說一合相，則非一合相，是名一合相。」

「須菩提，一合相者，則是不可說，但凡夫之人貪著其事。」

第三十一品　知見不生——

「須菩提，若人言：佛說我見、人見、眾生見、壽者見。須菩提，於意云何？是人解我所說義不？」

「不也，世尊，是人不解如來所說義。何以故？世尊說我見、人見、眾生見、壽者見，即非我見、人見、眾生見、壽者見，是名我見、人見、眾生見、壽者見。」

「須菩提，發阿耨多羅三藐三菩提心者，於一切法，應如是知，如是見，如是信解，不生法相。須菩提，所言法相者，如來說即非法相，是名法相。」

第三十二品　應化非真——

「須菩提，若有人以滿無量阿僧祇世界七寶，持用布施。若有善男子、善女人，發菩薩心者，持於此經，乃至四句偈等，受持、讀誦、為人演說，其福勝彼。云何為人演說？不取於相，如如不動。何以故？

一切有為法，如夢幻泡影，

如露亦如電，應作如是觀。」

佛說是經已，長老須菩提，及諸比丘、比丘尼、優婆塞、優婆夷，一切世間天、人、阿修羅，聞佛所說，皆大歡喜，信受奉行。

❶此偈在藏文中有，漢地玄奘、義淨的譯本中也有，唯獨鳩摩羅什沒有翻譯，可能是梵文中缺漏或整理者疏忽所致。

❷此處的「不」字，藏文與玄奘、義淨的譯本中均無，連貫上下文來看，沒有「不」的話，意思應該更明確。這個「不」字，不讀也可以，但因為是「諦實語」有加持，讀也是可以的。

能斷

金剛經給你強大

頂禮本師釋迦牟尼佛！

頂禮文殊智慧勇識！

頂禮傳承大恩上師！

無上甚深微妙法　百千萬劫難遭遇

我今見聞得受持　願解如來真實義

為度化一切眾生，請大家發無上殊勝的菩提心！

依靠《金剛經》，能夠消災免難

《金剛經》，又名《般若三百頌》，此經在漢地影響極廣，自大譯師鳩摩羅什翻譯出來後，修行人依靠它明心見性的公案不勝枚舉，普通人依靠它消災免難的感應也比比皆是。

不僅如此，在藏傳佛教中，它的地位也舉足輕重，根本不同於其他般若法門。

很多地方有這樣一種傳統：人死之後，若能在七七四十九天內，為亡人念滿一百遍《金剛經》和一千遍《解脫經》，此人便可得到解脫。而且，在一些長壽祈福的儀式上，人們也經常念誦此經。有關此經的繕寫，拉薩大昭寺及內蒙古的古代文庫中，收藏了大量用黃金、白銀抄寫的版本。

以前有一種現象：有些人學了藏傳佛教後，回到漢地就開始誹謗《金剛經》，說這部經如何如何不好，這種情況非常可怕。所以這次我傳講，是想讓大家知道：藏傳佛教與漢傳佛教本是圓融一味，根本沒有任何牴觸。《金剛經》的功德不可思議，大家有機會應當盡力弘揚，這對自他將有很大的利益。

在漢地，不管是學禪宗、華嚴宗還是淨土宗，每個宗派都對這部經典非常重視。有些人每天的課誦也是《金剛經》。所以，若能了知其中涵義，這對很多人來講，是相當有必要的。

這次講解《金剛經》，有人建議我以大圓滿的方式講，有人說以大手印的方式講。但就我而言，講解《金剛經》的關鍵，是讓大家明白它的真正涵義，若連顯宗的說法都不懂，一下子就想高攀無上密法，可能有點不太現實。所以，我們先要把顯宗的說法弄清楚，《金剛經》詮釋的是中觀最究竟的觀點，有了這個基礎，大圓滿、大手印的境界也就很容易得到了。

《金剛經》的譯本，是大成就者加持過的

漢地的《金剛經》有幾種譯本：最早的是姚秦鳩摩羅什翻譯的，後來北魏菩提流支、南朝真諦、隋朝達摩笈多、唐朝玄奘和義淨也譯過此經。

其中，義淨的譯本，與藏文對照最為接近，鳩摩羅什的在某些地方有一定出入。究其原因，我認為可能有兩個因素：一是當時印度佛教非常興盛，梵文的版本不同所致；另一個是因為鳩摩羅什翻譯時譯經場面十分龐大，約有五百多人，鳩摩羅什一邊口譯，旁邊的人一邊記錄，這個過程中難免會有一些紕漏。

但不管怎麼樣，鳩摩羅什的譯本是大成就者以諦實語加持過的，受持讀誦的功德不可思議，

古往今來無數人依此譯本開悟，就足以證明這一點。

至於藏文版的《金剛經》，只有一種譯本。我以前對照過拉薩、青海等處的版本，發現與《甘珠爾》般若部中收藏的一模一樣。

我這次講的《金剛經》，是鳩摩羅什的譯本，同時，還會參考玄奘、義淨的版本加以對比。鳩摩羅什翻譯的《金剛經》分三十二品，大家在理解的時候，若按這種方式劃分，意思會一層一層比較好懂。經典與論典不太相同：經典有很多重複的內容，表達的意思也不一定連貫；而論典比較有層次性，可以依靠科判來劃分章節，還能突顯經典中不明顯的意思，將散於各處的內容歸納在一起。大家在初學經典時，理應注意這個問題。

當然，《金剛經》的三十二品，是梁昭明太子加的，這在藏文譯本中沒有，漢地其他譯本中也沒有。有人認為：「佛經中不能妄加分別念，昭明太子因為給經文分品，至今仍在地獄裡受苦。」但這種說法是否可靠，也很難確定。

一般來講，佛經中是不能加自己的分別念，但如果不是故意誹謗，為了幫助理解經文而加一些科判，應該不會有很大過失。當然，因果方面的問題，凡夫是難以判斷的。昭明太子在《金剛經》中加上自己的語言，這是否大逆不道，我也不得而知。

以前有個居士，他按照自己的分別念，把《大圓滿心性休息》和《三處三善引導文》合在了一起，看起來特別亂。後來我給他寫了一封信，勸他不要在無垢光尊者的金剛語上亂改，我們凡夫沒有這種權利。從這個角度而言，昭明太子的做法可能不太好，但此舉卻對我們理解經文有一定的幫助。所以，這次我們傳講，還是遵照漢地的習俗，將本經分為三十二品。

按藏傳佛教的講經方式，《金剛經》分為初善題目、中善經義、後善結尾，下面一一宣講。

初善題目篇

《金剛經》為什麼以「金剛」為喻

【金剛】

這是用比喻的方式，將般若空性喻為金剛。

為什麼以「金剛」為喻呢？《摧魔儀軌》中說，金剛有不摧、不壞、不變等七種特徵；佛教的公案中也說，帝釋天持的金剛有能力摧毀一座大山，但任何東西也無法毀壞它。

所以，金剛有個不共的特點：能壞一切，卻不為一切所壞。同樣，般若空性也是如此，它能摧毀各種各樣的邪見執著，卻不為任何一種邪見所毀，從這個角度來講，二者具有相同之處。

【般若波羅蜜】

般若波羅蜜的梵語為「札嘉巴熱密達」，意思是智慧到彼岸，或者智慧度。

在藏文《金剛經》的前面，本來還有「頂禮一切佛菩薩」，這是遵循藏王赤熱巴巾的欽定，以此了知《金剛經》屬於三藏中的經藏。

在藏文和梵文的部分版本中，本經的全名是《能斷金剛般若波羅蜜經》。在漢文中，玄奘、義淨也是這樣翻譯的。

中善經義篇

第一品

法會因由

佛陀講經有五種圓滿

如是我聞，一時，佛在舍衛國祇樹給孤獨園，與大比丘眾，千二百五十人俱。

我聽佛是這樣說的：當時，釋迦牟尼佛在舍衛國的祇樹給孤獨園，和大比丘眾一千二百五十人居住在那裡。

依照密宗的講法，此處講了五種圓滿。一、環境圓滿：舍衛國的祇樹給孤獨園；二、時間圓滿：釋迦牟尼佛成佛後的一時；三、眷屬圓滿：一千二百五十位大比丘；四、法圓滿：《金剛經》所詮的甚深意義；五、本師圓滿：三界導師釋迦牟尼佛。

【如是我聞，一時】

這是結集佛經者所加的文字，意思是說「我在當時聽到這樣一段金剛語」。聽到了什麼呢？就是下面所講的《金剛經》。

釋迦牟尼佛在涅槃之前，曾開許阿難等弟子結集經、律、論三藏，為使後人生起信心，經首可加「如是我聞，一時」，經尾可加「天龍人非人等歡喜信受，作禮而去」等讚歎，中間可加「世尊問」「文殊答」等連接文。

大家都知道，佛經分為三種：佛陀親口宣說的、佛陀加持宣說的、佛陀開許宣說的。「如是我聞」雖然不是佛陀親口宣說，但屬於佛陀開許宣說的部分。

佛的教法共有三次結集：第一次是佛涅槃後第二年；第二次是涅槃後一百一十年；第三次有兩種說法，一是涅槃後一百八十年，一是涅槃後近四百年。經過這三次結集，三藏以文字的形式全部呈現出來了。

至於三藏的結集，一般都認為：多聞第一的阿難結集「經藏」，持戒第一的優婆離結集「律藏」，頭陀第一的大迦葉結集「論藏」。

由於《金剛經》屬於經藏，故「如是我聞」中的「我」，指的是阿難尊者。

「一時」有兩種意思：1. 指佛在某地說法的時間。佛教對釋迦牟尼佛的說法時間歷來頗有爭議，有人認為是四十九年，有人認為是四十五年。但這部《金剛經》是在哪一年哪一天宣講的，歷史上並沒有明確記載，因此，「一時」可解釋為某一天。2. 凡夫說法需要固定的時間、固定的地點、固定的聽眾、固定的法門，而佛陀講法卻不必如此，佛可於過去、現在、未來中，在無量世界為不同眾生宣講不同的法門，這種境界甚深難測、不可思議，所以，這裡的「一時」包含了過去、現在、未來三時。

【舍衛國】

據《現觀莊嚴論釋》記載，舍衛國是印度六大城市之一（其餘的還有廣嚴城、鹿野苑等），佛陀在世時由波斯匿王統治。

【祇樹給孤獨園】

它的來歷有一段典故：一位叫給孤獨的長者皈依佛陀後，祈請佛陀來舍衛國傳法，並打算找一塊地為佛陀建造精舍。他發現祇陀太子的林苑清淨閑曠、適合靜修，於是與太子商量打算買下來。

太子非常捨不得這塊林苑，為了打消給孤獨長者的念頭，就對他開玩笑道：「你若能把這裡用黃金鋪滿，我就答應你的要求。」

由於給孤獨長者前世供養過六佛，故今生能看到地下的寶藏，具有極為殊勝的福報。所以，給孤獨長者回家後打開寶庫，用大象把黃金馱到那裡鋪地。

最後，祇陀太子為其誠心所動，就對他說：「以前我們商量賣地時，並沒有說這裡的樹也要賣。現在這塊地屬於你，但這些樹仍歸我，讓我們一起來供養佛陀吧。」

從此，這塊林苑叫做「祇樹給孤獨園」。在這裡，給孤獨長者建造了一座經堂，後來，佛陀常在此處講經說法。

一九九〇年，我隨上師如意寶前往印度時，曾朝拜過這座聞名遐邇的「祇樹給孤獨園」。如今，那裡唯有一片廢墟，既沒有寺院，也沒有城市，只剩下了遺址的大概模樣。

當年，佛陀在此示現神變，降伏外道六師。為了紀念這段歷史，每年神變月（藏曆一月）的一日至十五日，拉薩都會舉行隆重的法會，我們佛學院也在這十五天中舉辦「持明大法會」。

【與大比丘眾，千二百五十人俱】

藏文和義淨的譯本中，除了一千二百五十位比丘外，還有「大菩薩眾」。此譯本之所以沒有提及「大菩薩眾」，應該是梵文版本不同的原因。就像《入菩薩行論》的頌詞，克什米爾的班智達說有一千多頌，東印度的班智達說有七百頌，中印度的班智達說有一千頌，最後問了作者寂天菩薩，才知道一千頌是正確的。

印度的經文，在文字、內容等方面經常會不一樣，所以大家不要一見到不同版本，就妄加斷言「這是真的、那是假的」。

我個人認為，在梵文版本方面，藏傳佛教與義淨用的應該是一個，鳩摩羅什與玄奘用的是一個。大家在研究經典時，倘若發現不同之處，千萬不要隨便取捨。要知道，經典是具有不忘陀羅尼的班智達結集而成，但他們的「不忘」，也有不同層次的差別，所以，不同版本之間有差異很正常。

《金剛經》的聽眾有小乘比丘，也有大乘菩薩，因此，本經屬於大乘的範疇。

為什麼在佛陀口中，低劣的飲食也能變成無上美味

爾時，世尊食時，著衣持缽，入舍衛大城乞食。

在那時，世尊於正午之前，披著袈裟、手托缽盂，到舍衛城中乞食化緣。

【著衣】

世尊出門之前都要先整理衣服，我們後學者就更不用說了。作為一名佛弟子，不管穿什麼樣的衣服，都應讓人看起來順眼。當然，這不是叫你去學打扮，而是應有的威儀必須具足，否則，很容易讓世人對佛法產生邪見。

有些人學佛之後，就自以為看破一切了，衣服邋遢、蓬頭垢面、懶於梳洗，以至於家人見了都退避三舍，同事見了也敬而遠之，以為學佛必須有如此「境界」，這就有點走極端了。其實，適當的穿著、得體的儀容，對在家居士來講也是有必要的，這也是利益有情的一種方便。

【乞食】

有人會問：「佛陀為什麼也像我們一樣，中午肚子特別餓，要出去化緣呢？」其實，佛陀並不是肚子餓，而是要給眾生積累資糧的機會，並藉機為他們傳講佛法。

《秘密不可思議經》中云：「佛陀體內沒有內臟，猶如金丸。」《金光經》也說：「釋迦牟尼佛顯現上是在化緣，但並沒有享用這些食物，因為佛陀從來不會飢餓。」

退一步說，即使釋迦牟尼佛的肚子餓，他也可依神通把土木、石頭變成食物，而不需要向人乞討。依靠佛陀的加持力，一個東西能變化成無量之多，就算是不好吃的食物，也會成為醍醐美味，《現觀莊嚴論》說：「在佛陀口中，低劣的飲食也能變成無上勝味。」

以前，釋迦牟尼佛在毗羅然國安居時遇到災荒，他擔心出生於王族的阿難受不了這種苦，所以給他吃了一粒麥子，讓阿難七天中都不飢餓。依此因緣，阿難對佛陀的加持生起了極大的信心和希有感。不僅如此，佛陀還具有虛空藏等持，可圓滿世間上的一切財富。因此，佛陀並不需要真正去化緣。

現在有些人說：「釋迦牟尼佛是乞丐王。」這是一種毀謗，有極大的過失。儘管佛陀確實帶比丘到城中乞食，但這完全是一種示現，就像佛陀已滅盡對「我」的執著，可顯現上還要說「我的弟子」「我的施主」一樣。

修行時，身體端直非常重要

於其城中，次第乞已，還至本處。飯食訖，收衣缽，洗足已，敷座而坐。

佛陀在舍衛城內，次第乞食之後，返回祇園精舍享用齋飯。吃完飯，收好袈裟和缽盂，洗淨雙足，在法座上跏趺而坐，安住於正念之中。

●

●

【乞】

現在的泰國也是如此，早上七八點鐘天還沒亮，比丘們就托著缽，在馬路上赤足而行。此時施主們早已在十字路口拿著食物等候，看到比丘來了，高興地排在路邊，對他們一一獻供。供養物除了食品以外，有時還有洗臉用具、衣服等。比丘的缽非常大，每次回來都滿滿的，早飯用完後，還剩下足夠的食物留待中午享用。

在印度，化緣的時間一般是上午。而在佛經中，有時候也會看到比丘中午出去化緣，但這種現象在泰國是沒有的。

【洗足】

吃完飯後洗腳，泰國也有這種習俗。以前希繞嘉措格西去泰國時，國王親自為他端水洗腳。

上次我們去，雖然沒有這種待遇，但也是居士幫忙倒水的。

【敷座而坐】

洗完腳後，佛陀在法座上端身正坐。值得注意的是，講法、聽法、修行時，身體的端直非常重要。有些人在家裡看書念經，經常喜歡斜靠著，這種姿勢相當不好。

要知道，身不正則氣脈不正，氣脈不正，記憶力和修行就會受到很大影響。藏傳佛教歷來重視身體的姿勢，不管是念經也好、修行也好，都要求身體必須端直，跏趺而坐。

表面上看，佛陀吃完飯後，洗了個腳，在墊子上休息一下，安住於正念當中，馬上就要講《金剛經》了。

第二品 善現啟請

敬佛菩薩要這樣敬

時，長老須菩提，在大眾中，即從座起，偏袒右肩，右膝著地，合掌恭敬而白佛言：

此時，長老須菩提從大眾中站起，袒露右肩，右膝著地，雙手合掌恭敬地陳白世尊。

在玄奘的譯本中，這段經文前面還有「時，諸比丘來詣佛所，到已頂禮世尊雙足，右繞三匝，退坐一面」。意思是說，佛陀應供完後，身體端坐，此時一千二百五十位比丘和大菩薩，親自來到佛前，在佛足下恭敬頂禮，右繞三匝，然後退到一邊安坐。

【頂禮】

分為上、中、下三等，上等者是證悟頂禮，中等者是修行頂禮，下等者是五體投地、以三門恭敬頂禮。此處從顯現上講，是指平時的三門頂禮。

具體應如何頂禮呢？眾弟子一一來到佛前，恭敬地跪在地上，用自己的頭頂觸碰佛的雙足。

這種頂禮方式，根登群佩說，沿襲於古印度的宮廷，眷屬大臣為了表示對國王的尊敬，就請國王坐在高高的寶座上，自己用頭頂接觸王足。同樣，為了表達內心的恭敬，佛弟子也用這種方式頂禮世尊。在密宗的《時輪金剛》中，有時上師給弟子灌頂，也要求弟子如此頂禮。

【右繞三匝】

有些人對右繞、左繞不太懂。一般而言，左繞（逆時針）有毀壞的過失，右繞（順時針）有興建的功德。在藏地，通常藏族人一看到左繞就害怕，擔心功德會毀壞。

以前我去五臺山時，常發現有人左繞白塔，當時隨行的有位老喇嘛，看了以後特別心痛，由於他不會說漢語，就一直站在路上擋著，示意大家不要這麼繞。

關於右繞的功德，佛陀在《右繞佛塔功德經》中講過。作為學佛之人，這些基本常識一定要懂！

【須菩提】

是請問者，也是《金剛經》裡的關鍵人物，他顯現上是小乘比丘，實際上是文殊菩薩的化現，《般若經》中經常出現他的名字。由於他完全精通般若的密意，所以，世尊宣講完大乘佛法之後，須菩提是第一個被開許傳講般若法門的人。

【偏袒右肩】

將袈裟搭在左肩上，右肩袒露於外。

【右膝著地】

一般來說，弟子在上師面前祈請時，都是左腳掌著地，右膝蓋著地，這樣的姿勢比較如法。

誰能讓我們今生來世都快樂

「希有，世尊，如來善護念諸菩薩，善付囑諸菩薩。」

「舉世希有的世尊，您以最殊勝的護念，護念了這些大菩薩；以最殊勝的付囑，付囑了這些大菩薩。」

【希有，世尊】

世界上很多大教主、大本師，無法使眾生得到真正的解脫，但釋迦牟尼佛卻能做到這一點。對此，須菩提不得不讚歎，不得不感到非常希有。

【如來】

是佛的十種名號之一。因功德示現的角度不同，佛可稱為如來、應供、正遍知、明行足、善逝、世間解、無上士調御丈夫、天人師、佛、世尊。每一種名號的詳細功德，米滂仁波切在《隨念三寶經釋》中都有介紹。

【諸菩薩】

此處在藏文中是「菩薩摩訶薩」，意即大菩薩。有些論典中認為，一至七地稱為「菩薩」，八地以上才是「大菩薩」。但這裡的解釋與《入行論》一致，指凡是發了菩提心的人，都可以稱為大菩薩。因為觀待普通人而言，發了菩提心的人非常偉大，故稱之為「大」。

【護念】

「護念」是鳩摩羅什譯的，而義淨譯為「利益」，玄奘譯為「攝受」。相比之下，義淨的翻譯與藏文比較貼切，但這三種譯法實際上意思都一樣。

最殊勝的護念是什麼？就是賜予眾生今生來世都安樂。用財富、名聲來護念我們，並不是最殊勝的，而佛陀引導我們永遠離開輪迴的痛苦，今生來世都快樂，才是最殊勝的護念、利益、攝受。

【付囑】

蓮花戒論師說，如來有三種付囑——善知識的付囑、正法的付囑、教言的付囑，以此方法來付囑眾生。

敢問佛陀心安何處

「世尊，善男子、善女人，發阿耨多羅三藐三菩提心，云何應住？云何降伏其心？」

「世尊，發了菩提心、趨入大乘道的人，應當如何安住？如何修行調伏自心？」

在藏文和義淨、玄奘的譯本中，這裡都是「云何應住，云何修行，云何攝伏其心」，但鳩摩羅什翻譯的不太明顯，也許是梵文版本有缺，也許是翻譯時漏掉了，有兩種可能性。

須菩提所提的問題，包含了大乘基、道、果的一切內容：基是發了菩提心之後，應如何安住；道是如何修持六度萬行；果是如何調伏自心而獲得佛果。我個人認為，這裡從基道果的方面解釋也可以，從提出問題、引出下文的角度解釋也行。

須菩提問了三個問題後，釋迦牟尼佛便開始回答了。

佛經的每個字都有極深意義

佛言：「善哉，善哉！須菩提，如汝所說，如來善護念諸菩薩，善付囑諸菩薩。

汝今諦聽，當為汝說。善男子、善女人，發阿耨多羅三藐三菩提心，應如是住，如是降伏其心。」

「唯然，世尊，願樂欲聞。」

佛陀說：「問得好，問得好！如你所言，如來以最殊勝的護念，護念大菩薩；以最殊勝的付囑，付囑大菩薩。須菩提，你要仔細諦聽，我為你一一解說：發了菩提心、趨入大乘道的人，應當這樣安住，這樣修行降伏自心。」

須菩提言：「遵命，世尊，我洗耳恭聽。」

乍看之下，這段經文似乎有點重複，但仔細推敲就會發現，這些話並不多餘，而是為了認可須菩提的提問，佛陀以此方式來加強語氣。

打個比方，有人說：「堪布，今天你傳講《金剛經》很了不起，真是希有啊！我們以後怎麼修呢？」我回答說：「是啊是啊，我給你們傳《金剛經》是很了不起。以後要修的話，好好聽著，我跟你們說啊……」平時為了強調，講者一般都會重複一遍，以便引起聽者的注意。

【善哉，善哉】

須菩提受到釋迦牟尼佛的表揚了。有些弟子做了讓上師高興的事，上師也會讚歎：「好，好！」「對，對！」「就是這樣，就是這樣！」

在玄奘和義淨的譯文中，緊接著還有一句：「汝應諦聽，極善作意，吾當為汝分別解說。」意思是：須菩提，你要好好聆聽，將這些道理記在心間，切莫忘失，我來為你一一宣說。

【汝應諦聽】

佛經與其他的語言不同，每個字、每句話都有甚深的涵義。鑒於此，許多大德在講經之前會強調：「你們要專心聞法，不要說話，否則，我也沒辦法給你們傳。以前釋迦牟尼佛都有這個要求。所以，心不專注是不行的。」

【極善作意】

只是聽了並不夠，還要把所聽的法義記在心中，憶持不忘失。建議大家可以看看《極樂願文大疏》，這方面的公案有很多。

《金剛經》主要宣說了如何斷除執著，獲得調伏自心的境界。整部經的內容，按印度大德蓮花戒論師的觀點，可以歸納在三個問題中：

最初如何發菩提心？

中間如何修持六波羅蜜多（又名六度，即布施、持戒、忍辱、精進、禪定、智慧，是六種可度脫生死、獲得涅槃的大乘法門）？

最後如何調伏自心，獲得色身、法身無別的果位？

第三品

大乘正宗

如何發菩提心

佛告須菩提：「諸菩薩摩訶薩應如是降伏其心：所有一切眾生之類，若卵生、若胎生、若濕生、若化生，若有色、若無色，若有想、若無想，若非有想非無想，我皆令入無餘涅槃而滅度之。如是滅度無量無數無邊眾生，實無眾生得滅度者。」

佛告訴須菩提：「凡是趨入大乘道的菩薩，應當這樣發心：所有一切眾生，卵生、胎生、濕生、化生，有色界、無色界，有想天、無想天，乃至非想非非想天，我都會令其遠離輪迴的痛苦，獲得究竟的涅槃。如此度化了無量無邊的眾生，但在實相中，沒有一個眾生得以度化。」

前一句講了世俗菩提心，後一句講了勝義菩提心。

具體而言，為度化天邊無際的眾生，發願求證無上菩提，是世俗菩提心；而沒有能度、所度、度化方式的三輪體空，叫做勝義菩提心。

大家要記住，雖然發心度眾生是菩薩在世俗中最大的責任，若沒有這種菩提心，一切善根無從增長。但是，最終要明白：勝義中沒有眾生可度。

什麼是「世俗菩提心」

先分析「世俗菩提心」：

三界輪迴中的眾生，林林總總、不計其數，總的來說，可以包含在九類當中：

1.【卵生】

顧名思義，是從卵中出生的，包括龍族、飛禽和有些人類。例如，佛教的一個公案說，曾經有一位商人，航行到大海裡後，與一隻長頸鶴共同生活，後來生了兩個蛋，孵出來的孩子分別叫札、涅瓦札。

在現代，也有卵生人的案例：西德人類學家勞．沃費茲博士等一行人，為了研究原始部落，曾前往印尼婆羅洲的熱帶雨林。在那裡，他們見到當地女人在生育期間，坐在很大的白色「人蛋」

上，用自己的體溫去孵化它。經詢問得知，她們在懷孕六個月後，即會產下蛋體，然後進行三個月的孵化，最後蛋殼破裂，孩子就會從中鑽出來。

另外，據藏地民間傳說，格薩爾王也是卵生：一天下大雪，身為女僕的母親，因為在家裡生孩子，就沒去主人家幹活。主人非常生氣，提著刀子衝到她家。進門後，看到女僕蒙頭大睡，於是氣憤地掀開被子，發現裡面有個大蛋，他舉刀就砍。蛋破開後，出現了三個孩子，一個飛到天上；一個的膝蓋碰到了刀子，落在帳篷上，這就是格薩爾王；還有一個仙巴，被主人扔到了河裡。但這只是一種傳說，正史中並無如是記載。

2.【胎生】

人和許多動物主要是胎生。按照《俱舍論》中的觀點，餓鬼也大多是胎生。

3.【濕生】

夏天的昆蟲多為濕生。當然，人類也有濕生的情況，尤其在佛陀住世時，濕生的例子經常可聞，如《涅槃經》中提到的芒果樹女便是一例，但如今這種現象早已絕跡。

4.【化生】

天人、非天、初劫時的人、地獄眾生都是化生。此外，一些大成就者也是化生，如蓮花生大士、聖天論師。

5.【有色】

指欲界、色界的眾生。《俱舍論》中說，欲界眾生貪著五種妙欲，執著非常粗大，有實質性的身體；而色界眾生斷除了欲界的貪心，沒有實質性的身體，但仍有比較細微的貪心，所以有一個光身。這兩界的眾生皆有色相，故稱之為「有色」。

6.【無色】

指無色界的眾生。他們沒有接觸性的色相，只有一個意識的色相，這種色相極其微細，所以稱為「無色」。

7.【有想】

指四禪天中的廣果天。此處沒有欲界的粗大分別念，但仍有細微分別念。

8.【無想】

指廣果天周圍的一部分天人。《俱舍論釋》中形容廣果天猶如城市，無想天則如城市旁邊的寺院。這裡的天人除了初生與命終時會起兩次分別念之外，五百大劫中不起一個念頭。

9.【非有想非無想】

又名有頂、非非想天，是無色界最高的一層天。因為沒有欲界和色界的分別念，故稱「非想」；但仍有微乎其微、極不明顯的心識，稱為「非非想」。《俱舍論》說，此處不是沒有心識，而是有一種貪執禪定的分別念，由於特別細微之故，以低劣加否定而稱為「非想」。

上述九類眾生的意識形態比較典型，輪迴中的有情均可含攝其中。對於這些眾生，大乘菩薩都應發願加以救度，使其有漏的身體和分別念融入法界，最終獲得無餘涅槃，這就是世俗菩提心。《現觀莊嚴論》云：「發心為利他，求正等菩提。」

什麼是「勝義菩提心」

那麼，什麼是「勝義菩提心」呢？

【如是滅度無量無數無邊眾生，實無眾生得滅度者】

菩薩雖然度化了三界所攝的一切有情，但從勝義諦的角度而言，被度化的眾生、能度化的菩薩，皆如虛空般不存在。嚴格來說，這種勝義菩提心何時在心中生起，彼時才是真正的菩薩。如《入中論》講：「從此由得彼心故，唯以菩薩名稱說。」

若將勝義、世俗兩種菩提心結合起來，就是《華嚴經》所說的「智不住三有，悲不住涅槃」。世俗菩提心方面，菩薩因大悲心而不捨眾生；勝義菩提心方面，菩薩因空性智慧而不墮輪迴。

前面須菩提問了三個問題——如何住、如何修、如何調伏自心。通過以上分析，就發心方面，可從世俗、勝義來分別回答。

1. 世俗菩提心

以發世俗菩提心為住，度化無邊無際的眾生為修，以所發的菩提心隨時隨地來調伏自心。

2. 勝義菩提心

以無有眾生可度為住，安住於這樣的境界為修，令執著萬法實有的分別念融入法界來調伏自心。

要知道，《金剛經》的意義非常之深，並不是須菩提問了個問題後，佛陀要用整部經來回答，而是在每一層意思中，都能找到圓滿的答案。大家若深入思維，定會發現其中妙不可言！

何為真正的菩薩

世俗中要度化眾生，勝義中又無眾生可度，原因何在呢？

「何以故？須菩提，若菩薩有我相、人相、眾生相、壽者相，即非菩薩。」

「為什麼呢？菩薩若有我相、人相、眾生相、壽者相的執著，就不是真正的菩薩。」

想度化有情或是幫助眾生，就勝義諦而言，是一個大錯誤。有了相的執著，認為「我要度化他們，使其獲得殊勝的涅槃」，這就不是菩薩，而是一般凡夫了。為什麼呢？勝義中任何相都了不可得，發心的菩薩不存在，要度化的眾生不存在，所發的心也如夢幻般無實。

其實，大圓滿的最高境界也是這樣。若以《大圓滿虛幻休息》來解釋《金剛經》的教義，那是非常殊勝的。

【相】

玄奘譯為「想」，實際上在這裡「相」和「想」的意思一樣，都是以分別心去執著，跟分別心有很大關係。

藏文中沒有「我相」，其餘三相都有。

【我相】

依同一相續而存在。

【人相】

依有漏的身蘊，住於有漏的世間。

【眾生相】

依業和煩惱轉生於三界輪迴中的眾生。

【壽者相】

在同一時間內，同一異熟果保持相續的壽命。比如有些人特別怕死，希望自己長命百歲，這就是壽者相。

對四相的實有執著，是解脫道的大障，有了這四相的話，無法獲得真實的解脫。所以，宗喀巴大師說：「斷除一切執著相，爾時見解即圓滿。」

總之，《金剛經》從頭到尾就是講要斷除實執。

第四品

妙行無住

向菩薩學布施

前面講了菩薩不能有四相，下面講無論在見、修、行、果哪個方面，菩薩都不能有所住——實有的執著。

「復次，須菩提，菩薩於法，應無所住行於布施。所謂不住色布施，不住聲、香、味、觸、法布施。」

佛陀說：「須菩提，菩薩對任何法都不能有實執，應以無住之心而行持布施。即是說，不住色而布施，不住聲、香、味、觸、法而布施。」

真正的菩薩不會有實有執著，以六度中的布施為例，菩薩在行持布施時，並不耽著於六塵——色、聲、香、味、觸、法。

【色】

凡夫對所施之對象有顏色、形狀的執著，比如，對乞丐有相貌醜陋、衣衫襤褸的分別。但菩薩卻通達了空性，遠離了這些實執。

【聲】

乞丐來到家門口說：「行行好，給我點兒東西吧。」菩薩不會一聽到聲音，就冒出念頭：「好，我馬上給你啊！」

【香】

菩薩的鼻子不去執著是香還是臭。

【味】

菩薩對味道的勝劣也不加取捨。

【觸】

菩薩不存在由身體接觸所生的輕重、大小、光滑粗糙等分別。

【法】

法是意識的對境，菩薩沒有執著法的分別念，不會認為「我今天給了乞丐十元錢，應該有很大功德吧」。

藏地寺院經常會念彌勒菩薩的一個願文，其中有句是：「不住一切法，無吝而行施。」《入中論》也說：「施者受者施物空，施名出世波羅蜜。」施者、受者、所施物都是大空性，若能安住在這樣的境界中行持布施，才是真正的、最究竟的布施波羅蜜多。

前面須菩提問了如何住、如何修、如何調伏自心，這裡又一次給予回答：以三輪體空為住，以三輪體空來行持六度為修，以遣除自己的實執為調伏自心。

此處只是從布施度來講。實際上，持戒、忍辱、精進、禪定、智慧其餘五度，也都需要如此行持。

這樣布施，福德無法衡量

「須菩提，菩薩應如是布施，不住於相。何以故？若菩薩不住相布施，其福德不可思量。」

佛陀自問自答：「須菩提，菩薩應當不住相布施。為什麼呢？若能不住相布施，所得的福德不可思量。」

●　●

最究竟的布施是什麼？就是三輪體空攝持的布施。

一般來說，凡夫的布施有三輪執著，而菩薩的布施沒有這些，由於沒有任何執著，故所獲的福德無法衡量。若以這種布施來積累資糧，圓滿無上佛果並非難事。

當然，我們現在雖然沒有三輪體空的境界，但很多上師在教言中說，布施時若憶念：「往昔佛菩薩如何布施，現在我也如是布施。」依靠這種發心，也能獲得幾乎同等的功德。

「布施」本是如夢如幻

如此不可思議的功德，以下進一步用比喻說明：

「須菩提，於意云何？東方虛空，可思量不？」

「不也，世尊。」

「須菩提，南西北方，四維上下虛空，可思量不？」

「不也，世尊。」

「須菩提，菩薩無住相布施，福德亦復如是不可思量。須菩提，菩薩但應如所教住。」

佛陀問：「須菩提，你是怎麼想的？東方的虛空，能否用分別心來衡量？」

「不能，世尊。」

佛陀又問：「須菩提，南、西、北、東南、西南、東北、西北、上方、下方的虛空，能否用分別心來衡量？」

「不能，世尊。」

佛說：「同樣，菩薩安住於無相而行持布施，所得福德也像這十方虛空一樣，無法用分別心來衡量。因此，須菩提，菩薩唯應按上面所講的教言去做。」

● ●

修持大乘佛法的人，布施時應盡量觀想三輪體空。雖然這對凡夫而言無法真正做到，但若通達了名言中所作的布施如夢如幻，勝義中萬法都是大空性，遠離一切戲論，此定解也接近於三輪體空。

沒有學過中觀的人，布施一點點東西，就特別執著，總認為自己以此能獲得殊勝果報。然而，聞思過中觀的人都知道，名言中確實有對乞丐的布施，但在勝義中，我不存在、乞丐不存在、布施的東西也不存在，對不存在的東西去執著，沒有任何意義。

有些人雖然知道這些道理，但布施起來還是很不情願。比如，自己在飯店裡吃飯時，旁邊來了一個乞丐，儘管這是個很好的機會，心裡卻很不願意布施，礙於人前不好意思，只好勉勉強強給一點。這不叫三輪體空，也不叫真實的布施！

第五品 如理實見

真正的如來是什麼樣子

前面佛陀告訴須菩提：「若安住於三輪體空中布施，此功德不可思量。」下面是這樣連接的：布施可以積累福德資糧，將來能得佛陀三十二相、八十隨好的色身功德。那麼，這些相好是真實存在的嗎？

「須菩提，於意云何？可以身相見如來不？」

「不也，世尊，不可以身相得見如來。何以故？如來所說身相，即非身相。」

佛告須菩提：「凡所有相，皆是虛妄，若見諸相非相，則見如來。」

佛陀問：「須菩提，你是怎麼認為的？能否以相好的佛身見到如來？」

須菩提回答：「不能，世尊。不能以見到三十二相、八十隨好的佛身，就認為見到了真正的如來。為什麼呢？如來所說的相好佛身，並非真實存在。」

佛陀告訴須菩提：「一切相皆由虛妄分別所生，若見到了諸相非實有，則是見到了真正的如來。」

釋迦牟尼佛身色金黃，頭頂有肉髻，足底有法輪，如果看見這些，是否意味著見到了如來呢？若換作我們，可能連連點頭，回答「對呀、對呀」。但須菩提學得很好，他搖搖頭說：在名言中，如來雖於眾生面前顯現種種相好，並以此引導了無數眾生，但以勝義來觀察，這並不是如來的真實身相。

弟子能夠善解自己的密意，確實了不起，佛陀聽後非常高興，於是肯定道：凡有相狀的東西，不管是好是壞，是輪迴抑或涅槃，都是虛妄不實的，完全由分別心假立。只有通達了這些相並非實相，才是見到了真正的如來。

第六品

正信希有

對《金剛經》有信心，也是一種福德

須菩提白佛言：「世尊，頗有眾生，得聞如是言說章句，生實信不？」佛告須菩提：「莫作是說。如來滅後，後五百歲，有持戒修福者，於此章句能生信心，以此為實。當知是人，不於一佛、二佛、三四五佛而種善根，已於無量千萬佛所種諸善根。聞是章句，乃至一念生淨信者，須菩提，如來悉知悉見，是諸眾生得如是無量福德。」

須菩提問佛陀：「世尊，將來很多眾生聽到如此甚深的般若法門，能否生起真實的信心？」

佛告訴須菩提：「你不要這麼說。我滅度後末法五百年時，有持戒清淨、修福積德之人，將對《金剛經》生起無比的信心，這一點毋庸置疑。你要知道，這些人不是一般的緣分，他們往昔並不是在一尊佛、兩尊佛、三四五尊佛面前種過善根，而是在無量千萬尊佛前種過善根。乃至有人聽聞《金剛經》的詞句，僅僅生起一念清淨的信心，須菩提，如來以無漏智慧悉能了知、徹見，此眾生將獲得無量福德。」

【後五百歲】

有兩種說法：

1. 通常指現在五濁興盛的末法時代，「五百」不是一個具體數字，而是一種抽象的時間概念。

2. 按蓮花戒論師的觀點，釋迦牟尼佛的教法期共有二千五百年，平均分為五個五百年，「後五百歲」是最後一個五百年。

如今距佛陀時代已有二千五百多年了，若依蓮花戒論師的算法，現在是否就不是佛的教法期了呢？並非如此。在藏地，各大教派公認佛陀的教法期有五千年，普巴派和巴珠仁波切、米滂仁波切認為，現在已過了二千九百多年，薩迦派認為過了三千多年，但不管怎麼說，今後仍有二千年左右的佛法住世期。

普巴派在曆算方面相當準確，他們依《時輪金剛》的推算法，每次日食、月食都算得分秒不差。之所以能推出佛教的具體時間，是因為佛陀成道時，天空中有啟明星，第二天又出現了日食，依此特殊天象，故能算出佛教至今有二千九百多年的歷史。

【持戒修福者】

玄奘譯為「具足尸羅、具德、具慧」，義淨譯為「具戒、具德、具慧」，與鳩摩羅什的翻譯略有不同，是指持戒清淨、修積福德、具有智慧的持藏者。

【已於無量千萬佛所種諸善根】

不僅《金剛經》中有這種說法，按密宗的觀點，我們今生能遇到大圓滿，也是往昔於無量佛前種下的善根。全知無垢光尊者在《勝乘寶藏論》中云：「凡是值遇無上密乘之人，往昔必定已供養過無數佛陀，並成過普賢如來的眷屬。」

【聞是章句，乃至一念生淨信者】

釋迦牟尼佛對須菩提說：將來若有眾生對《金剛經》生起一念的清淨信心，也能積累無邊福德。

大家現在有緣聽聞《金剛經》，一方面要對自己的福報生歡喜心，另一方面也應對空性見生起信心。般若法門的功德不可思議，哪怕對空性產生合理的懷疑，覺得「諸法可能是無自性吧」，也能摧毀輪迴的根本，誠如《中觀四百論》所云：「薄福於此法，都不生疑惑，若誰略生疑，亦能壞三有。」

【悉知】

以佛陀的智慧，完全能了知未來有很多眾生對《金剛經》生信，以及這些眾生的根基、因緣等。譬如，現在我們在講《金剛經》，大家對經義生起怎樣的信心、生信之因是源於在無量佛前積累過什麼資糧，這一切的一切，釋迦牟尼佛都能洞察分明、絲毫不差。

【悉見】

未來眾生聞思《金剛經》後生信的場面，佛陀依慧眼也能徹見得一清二楚。比如，看到我們經堂裡人坐得特別擠，有些人在偷偷打瞌睡——釋迦牟尼佛全部都能見得到。

【是諸眾生得如是無量福德】

大家過去在無量佛前積累過資糧，現在又對《金剛經》生起信心，這種福德是盡虛空界也無法衡量的。

有了空性見，就能迅速解脫

「何以故？是諸眾生無復我相、人相、眾生相、壽者相，無法相，亦無非法相。」

「為什麼會獲得如此不可思議的福德呢？原因很簡單：若對空性生起信心，就能迅速超離一切執著，不再有我相、人相、眾生相、壽者相，沒有法相，也沒有非法相。」

●

●

「四相」的解釋，前面已經講過，但蓮花戒論師有不同的說法：

【我相】

將五蘊的假合執著為我。

【人相】

由我執而引生的我所執。

【眾生相】

今生為人，來世為天人，後世又墮落惡趣……眾生接連不斷地在輪迴中流轉。

【壽者相】

執著一個相續的壽命延續不斷。

若對《金剛經》的空性義產生信心，很快的時間內就能遠離四相，利根者甚至當下即可解脫。猶如魚已經上了鉤，馬上便會離開水面一樣，心中如果有了空性見，儘管外表的身體跟凡夫一樣，好像沒有多大變化，但不久的將來，必定能脫離輪迴大海，趨至解脫的彼岸。

此處暫不解釋「法相」「非法相」，下面會有廣講。

其實，通達了一法的空性，就能通達萬法的空性，如果明白了《金剛經》的空性義，就能明白一切法的空性義。《中觀四百論》也說：「以一法空性，即一切空性。」所以，希望大家好好地學習《金剛經》。

萬法的顯現不是障礙，對萬法的執著才是

反過來說，假如有了這些執著，又會有什麼過失呢？下面從三方面來分析。

1. 執著「相」的過失：

「何以故？是諸眾生，若心取相，則為著我、人、眾生、壽者。」

「為什麼不能執著這些相呢？因為任何一個眾生，只要他的心耽執相狀，勢必會執著我、人、眾生、壽者四相。」

執著任何相，都是菩提道的大障。帝洛巴尊者曾說：「萬法的顯現不是障礙，對萬法的執著才是障礙。」

心不取相，一切皆離；一念取相，即著四相。我相、人相、眾生相、壽者相雖然執著的角度不同，但本體上都是一個。

執著萬法，是生死輪迴之根

2. 執著「有法」的過失：

「若取法相，即著我、人、眾生、壽者。」

●「如果耽執法相，則會執著我、人、眾生、壽者四相。」

●

【法相】

既包括調伏各種煩惱的佛法，也包括世俗中顯現的有法。執著任何一種法相，都會落入四相當中，不能獲得究竟的佛果。《般若十萬頌》云：「須菩提，若起毫端許之名相執著，亦不得真實佛果。」

耽執世俗中的有法，是對五蘊的一種執著，有了對五蘊的執著，必然產生我的執著（我相）、我所的執著（人相）、眾生相續不斷產生（眾生相）、彼在輪迴中的壽命長短（壽者相），有了這四相，眾生難免造業輪迴，感受生死。《寶鬘論》也說：「何時有蘊執，爾時有我執，有我執有業，有業亦有生。」

執著空性，誰也救不了

3. 執著「無法」的過失：

「何以故？若取非法相，即著我、人、眾生、壽者。」

「為什麼呢？如果耽執非法相，也會執著我、人、眾生、壽者四相。」

【非法相】

通常而言，「法」與「非法」有兩種解釋：1.「法」指佛陀的教法，「非法」指外道的邪法；2.「法」指名言中顯現的法，「非法」指單空方面的法。此處的「非法」是指單空。

執著單獨的空性，也會落於四相當中。因為認為空性存在，顯然是一種我所執（人相），有了我所執就一定有我執（我相），進而人我的分別也會產生（眾生相），既然人我的相都有了，那有情從生至死的現象不可能不存在（壽者相）。

因此，對單空的執著，很多佛經論典都予以了破斥。《中觀四百論》說：「愚寧起我執，非說無我理。」與其讓愚者有「我」的執著，也不可對他宣講「無我」的空性道理。因為若是執著「我」，還可以用空性對治，但若執著空性，這是誰也救不了的。故而，佛陀諄諄告誡弟子：「寧可執著『有』大如山王，也不能執著『無』小如芥子許。」

渡河離不開船，但到了對岸，就必須捨去

「是故不應取法，不應取非法。」

因此，既不能執著諸法實有，也不能執著一切皆空。

「以是義故，如來常說：汝等比丘，知我說法，如筏喻者，法尚應捨，何況非法？」

「鑒於此，如來在了義經典中常說：諸位比丘，你們應當知道，我所宣說的法猶如船筏，最終必須要捨棄，非法就更不用說了。」

渡河時離不開船筏，但到了對岸後，船筏就沒有用處了。同樣，佛陀宣講的八萬四千法門，暫時可幫我們積資淨障，獲得解脫的果位，但究竟而言，對這些法的執著也要遠離，更何況是外道的非法了？或者還可以解釋為：世俗中取捨因果的法都要捨棄，執著單空的非法就更不用說了。

月稱菩薩在《顯句論》中，也有一個很好的比喻：為了舀水，必須要準備水器，但水得到之後，水器就沒有用了。

當然，沒有真正獲得解脫前，世俗諦的法千萬不能捨棄，否則就無法證悟勝義諦，龍猛菩薩也說：「若不依俗諦，不得第一義。」就像還沒有到岸便不能輕易拋棄船筏，否則，半途掉到了大海裡，後果是很可怕的！

第七品 無得無說

佛陀、佛法真的存在嗎

以上講了一切法只是引導眾生的方便，實際上並非實有。下面佛又提出一個問題：

「須菩提，於意云何？如來得阿耨多羅三藐三菩提耶？如來有所說法耶？」

佛陀問：「須菩提，你是怎麼想的？如來正等覺真實存在嗎？如來所說的法真實存在嗎？」

這段經文，義淨譯為：「如來於無上菩提有所證不？復有少法是所說不？」意思是說，如來所證悟的智慧功德存在嗎？如來所說的法存在嗎？兩位譯師在字句上略有不同，但意義並無太大差別。

【阿耨多羅三藐三菩提】

這是梵語，「阿耨多羅」是無上，「三藐」是正等，「三菩提」是正覺，合在一起就是：無上正等正覺。

六祖在《金剛經口訣》中解釋為：「阿」是無妄念，「耨多羅」是無傲慢，「三」是心常住於禪定，「藐」是心常住於智慧，「三菩提」是斷除凡心、現見佛性。

六祖是依靠《金剛經》而開悟的，這一點沒有任何懷疑，但他的這種解釋，與某些經論不太相同。對此，法王如意寶曾說：「一些大成就者的語言，在顯現上，有時候與經論有一定出入。但不管怎麼樣，對大成就者的金剛語，我們都應當恭敬受持！」

佛言不可說

佛陀提出的問題，若是我們回答，可能支吾半天也憋不出來，但是須菩提很有智慧，他不假思索就說：

須菩提言：「如我解佛所說義，無有定法名阿耨多羅三藐三菩提，亦無有定法如來可說。」

須菩提回答：「根據我的理解，如來正等覺不存在，佛法也不存在。」

● ●

為什麼如來不存在呢？本經也說：「若以色見我，以音聲求我，是人行邪道，不能見如來。」如來是一切諸法的本性，不是一個具體形象，儘管歷史上確有如來的出世及涅槃，但這只是在迷亂眾生面前安立的，絕非實有。

為什麼佛法不存在呢？雖然在名言當中，釋迦牟尼佛成道後應機施教，開演了八萬四千法門，但這也是在眾生面前的顯現。究竟而言，佛陀沒有絲毫說法的分別念，在眾生前轉法輪，完全是佛智慧力的任運示現。經云：「雖未說一法，眾生現如是。」

以上是略講。下面在廣說時，先闡述「法不存在」的理由，再講「如來不存在」的原因。

萬法不是有，也不是無

「何以故？如來所說法，皆不可取、不可說，非法，非非法。」

「為什麼法不存在呢？因為實相中如來所說的法不可得、不可言說，不是有實法，也不是無實法。」

●　●

【不可取、不可說】

諸法的自性就是涅槃的自性，說法者、所說之法、說法之境皆了不可得，無有能所，平等一味，自性寂滅。《中論》云：「諸法不可得，滅一切戲論，無人亦無處，佛亦無所說。」

宗喀巴大師也說：「世尊自成道以來，不管在天上人間，未曾說過一個字，因為實相遠離能說、所說等一切戲論。」

【非法，非非法】

「非法」指無實法，「非非法」指有實法。有些人以單空見為究竟，所以，在理解此問題時有點捉襟見肘。他們認為：非法（無實法）不是世俗中的空性，非非法（有實法）不是勝義中的名言，二者必須用輪番的方式來抉擇。但對我們而言，這個問題就十分簡單：佛陀所說的法，非法（無實法）之故，遠離常有的邊；非非法（有實法）之故，遠離斷無的邊。這即是釋迦牟尼佛的究竟密意。

佛與菩薩的區別在哪兒

「所以者何？一切賢聖，皆以無為法而有差別。」

「為什麼佛法在實相中不存在呢？因為一切法皆是無為法，遠離分別執著。諸位賢聖的安立，也只是能證悟無為法的智慧上有差別。」

究竟實相中，實有的法不存在，無實的法也不存在，諸法本性遠離一切執著，遠離一切法相，這是聖者入定智慧抉擇的。《大幻化網》中說：「之所以承認法界一味清淨平等，乃是由聖者的根本慧定所得之故。」同樣，一切諸法不存在，沒有實相，也是依靠聖者入定智慧而得出的結論。

此問題可以從兩方面理解：一是在聖者的根本慧定面前，一切都是無為法，除此以外，沒有一個真正的實相，也沒有有無執著；二是在聖者入定的時候，一切都是般若空性，遠離四邊戲論。世親論師說：「聖者在入定的時候，滅除一切有為法的散亂執著，無為法的本來智慧現前。」

反過來說，如果諸法的本性不是無為法，那必定是有為法。蓮花戒論師說，若是有為法，則是剎那變化、不可靠的。因此，諸法的本性絕對是無為法，否則就會隨因緣而有變化，並非諸法的本來實相。

當然，從所證的空性而言，究竟實相是無為法，沒有任何差別。但從能證的智慧來講，由於眾生的根基不同，能證悟的空性慧也有深淺差別。比如聲聞證悟的就比較淺，菩薩證悟的比較深，而佛陀是最究竟、最圓滿的證悟。六祖云：「三乘根性，所解不同，見有深淺，故言差別。」

總之，「差別」是從能證的智慧來講的，所證的空性不可能有差別，如果有的話，無為法就變成無常了。

第八品 依法出生

什麼是財布施

下面講法布施的福德非常廣大，遠遠勝過財布施，若能受持讀誦《金剛經》，福德無法衡量。首先，了解一下財布施：

「須菩提，於意云何？若人滿三千大千世界七寶，以用布施，是人所得福德，寧為多不？」

須菩提言：「甚多，世尊。何以故？是福德，即非福德性。是故如來說福德多。」

佛陀問：「須菩提，你是怎麼認為的？如果有人將遍滿三千大千世界的七寶用來布施，所得福德多嗎？」

須菩提答言：「非常多，世尊。為什麼呢？因為福德的本體是空性，以空性之故，福德可隨因緣而增上，所以如來說福德多。」

【三千大千世界】

《俱舍論釋》說，四洲、日月、須彌山、諸欲天、梵天世界為一個單位，一千個單位稱為一千小千世界，一千個小千世界稱為二千中千世界，一千個中千世界稱為三千大千世界。三千大千世界能被劫末火等同時毀滅，最初形成也是同時產生，由一體性而得名。

【七寶】

關於七寶，有不同的說法。《法華經》說是金、銀、琉璃、硨磲、瑪瑙、真珠、玫瑰；《無量壽經》中是金、銀、琉璃、玻璃、珊瑚、瑪瑙、硨磲；《阿彌陀經》則是金、銀、琉璃、玻璃、硨磲、赤珠、瑪瑙；《般若經》是金、銀、琉璃、硨磲、瑪瑙、琥珀、珊瑚；喇拉曲智仁波切的《極樂願文大疏》中是金、銀、琉璃、水晶、冰珠石、紅珍珠、瑪瑙。

很多佛經中講，若以三寶為供養境，用清淨心哪怕供一朵花、一杯水，福德也是相當大，何況有人以七寶布施，量滿三千大千世界，此福德更是不可限量。

為什麼呢？一方面是清淨心的功德，另一方面，福德若在勝義中實有，其量則能思維，但由於它是空性的緣故，所以只要因緣具足，依如幻的布施就能產生無量如幻的福德，正如《入行論》

所云：「幻人生幻福。」因此，佛陀讚歎福德非常多。

大家要注意的是：《金剛經》每一句中，經常要分開二諦作分析，這樣才能加強對勝義諦的認識。

總之，不管是福德也好、法身也好，我們對任何一個法都不能執著，如此才可了悟真實的空性。

這裡講的財布施，主要為下面的內容作鋪墊。下面是講法布施。

什麼是法布施

「若復有人，於此經中，受持乃至四句偈等，為他人說，其福勝彼。」

佛陀接著說：「如果有人受持《金剛經》，哪怕只有一個四句的偈子，並為他人宣說，此人的福德將勝於上面那個人。」

世人常認為，財布施的福德非常大，法布施可能遠不及於此。但釋迦牟尼佛在這裡親口說了：法布施的福德，遠遠超勝財布施！

其實從財富上講，我們不要說用三千大千世界的七寶，就算只用一碗七寶去布施，經濟上也會有點困難。但依靠上師三寶的加持，我們有機會講聞《金剛經》，這種福德是不可思議的，遠遠勝過了上述財布施，大家理應生起歡喜心。

【受持】

指專心致志地奉行。

【四句偈】

印度梵文的《金剛經》，本來全部是偈頌，但譯成藏文和漢文之後，形式就變成散文了。所謂「四句偈」，指由四個句子組成的一個偈文，如「一切有為法，如夢幻泡影，如露亦如電，應作如是觀」，這就是一個四句偈。

我們受持《金剛經》後，若能為他人開演經義，令彼等聽聞、讀誦、修持，即使只有一個偈頌，也超勝了用七寶布施的福德。《般若八千頌》中云：「若有善男子善女子，讀誦、受持、演說般若法門，其福德勝於財布施。」

可見，法布施的功德特別大。阿難曾問佛陀：「兩個人在一起，做什麼事情功德最大？」佛陀言：「一人講法一人聽法，功德最大。」《獅吼經》也說：「以滿三千大千世界的七寶上供下施，不如濁世時為人演說四句偈佛法的功德大。」此外，《妙法蓮華經》《般若二萬頌》《慧海請問經》等經典中，也都紛紛讚歎了宣講佛法、尤其是般若法門的殊勝功德。

因此，我們一方面應對大乘空性起信心，另一方面，也要多勸別人接觸這個法門。假如你周圍有人生病了，或是遇到了違緣，就應藉此機會讓他持誦《金剛經》，如此一來，必對其今生來世有莫大的助益。

《金剛經》是諸佛、佛法的出生處

「何以故？須菩提，一切諸佛，及諸佛阿耨多羅三藐三菩提法，皆從此經出。」

「原因何在呢？須菩提，因為一切諸佛及能令人獲得無上正等覺的佛法，皆從這部經出生。」

曾有居士供養寺廟一萬塊錢，幾十年後始終念念不忘，一見面就提醒：「我在某年供養了你們一萬塊，還記不記得我呀？」甚至有些人供養了一點餅乾、毛衣，四五年後還掛在嘴上，逢人便說。實際上，這種供養並未捨離吝嗇、執著、傲慢，所以是不清淨的供養。但是，若能持誦《金剛經》並為他人解說，這比供養一萬塊錢的功德更大。

為什麼呢？因為《金剛經》所詮釋的都是般若空性，而般若空性，是產生一切諸佛之因。《般若經》云：「三世諸佛皆依般若而現正等覺。」經典中常稱般若為「佛母」，因為兒子的來源是母親，同樣，諸佛的來源就是般若空性。

《佛子行》的開篇偈亦云：「利樂之源諸佛陀，修持正法而成就。」佛陀依靠佛法而成就，此佛法即是般若空性，它是一切佛菩薩的來源。

既然般若空性是三世諸佛之因，那麼三世諸佛所弘揚的佛法，也必定是般若空性。否則，佛的因是般若，法的因卻是其他的，這是根本說不過去的。

此處直接宣講了「佛」由般若空性而生，間接宣講了「法」也是由般若空性而生。所以，為什麼《金剛經》的功德這樣大？因為它是諸佛、佛法的出生處，故受持傳講的功德不可衡量。

佛法是智慧的境界

「須菩提，所謂佛法者，即非佛法。」

「須菩提，所謂的佛法，並非實有存在，故非佛法。」

義淨的譯文是「佛法者，如來說非佛法，是名佛法」，詞句上雖有差異，但意思完全一致。

「佛法」有兩種解釋：一是指佛陀的圓滿功德。從顯現上講，通過布施等積累福德資糧，可現前佛陀的相好色身、十力、四無畏、十八不共法等，經云：「如來之色身，福德資糧身。」但從勝義來講，這些都是不存在的，並不是真正了義的佛法。

第二種理解是：所謂佛法，就是我們平時所說的能息滅痛苦的妙法甘露。從究竟義來講，這也不是真正的佛法，只是世俗中的假象，是佛陀度化眾生的方便。真正的佛法遠離一切戲論，是大無為法。六祖曾說：「佛經不是佛法，它是肉眼的境界，故非究竟。佛法應是慧眼的境界。」

第九品 一相無相

以上通過法布施與財布施的對比，闡述了受持《金剛經》的功德。接下來，講沙門四果必須要證悟空性的道理。

什麼是沙門四果

小乘聖果，是沙門四果或沙門八果。

「沙門四果」包括預流果、一來果、不來果、阿羅漢果。

「沙門八果」分別為：預流向和預流果，一來向和一來果，不來向和不來果，阿羅漢向和阿羅漢果。

所謂「向」，是指沒有真實達到果位，但在路途之中，馬上就要到了。「果」則是已經超凡入聖，達到那種境界，獲得了真正的果位。

不管得到哪一果，都必須要證悟無相、無住的空性。倘若無法斷除實執，則與凡夫沒有任何差別。

《般若經》云：「凡執實相者，皆無三菩提之解脫。」

米滂仁波切也說：「聲聞緣覺必須要證悟大乘的法無我空性。若連一分都沒有證悟，別說超離三界，就算預流果也無法獲得。」

下面對此一一剖析。

沒有對色聲香味觸法的執著，才是真正的預流果

「須菩提，於意云何？須陀洹能作是念『我得須陀洹果』不？」

須菩提言：「不也，世尊。何以故？須陀洹名為入流，而無所入，不入色、聲、香、味、觸、法，是名須陀洹。」

佛陀問：「須菩提，你是怎麼想的？預流果聖者是否認為『我已經得到了預流果』？」

須菩提回答：「不會的，世尊。為什麼呢？預流果雖然在名言中稱為入流，但在勝義中根本沒有能入所入，遠離了對色聲香味觸法的實有執著，這才是真正的預流果。」

【須陀洹】

亦名預流果，屬小乘見道，而非大乘見道。獲此果時已入聖位，故稱之為「預聖」；由於它是聲聞乘最初之聖果，又稱「初果」。

在這段經文裡，佛陀一會兒說「預流果是入流」，一會兒又說「預流果不是入流」，如此自相矛盾，令許多初學者摸不著頭腦。其實，只要分開二諦，此問題就迎刃而解了：世俗中，可以假立名相，承認預流果遠離了凡夫境界，已趨入聖者之流；但從究竟實相而言，得果者、所得之果、得果方式都不存在。沒有能依所依之故，對六塵（色聲香味觸法）也不可能有實有執著，這即是預流果的真實境界。

所以，小乘的登地（預流果）也必須要斷除執著，否則沒有機會現見真諦。宗喀巴大師的《六十正理論廣釋》在引用這句經文時，也是這麼解釋的。

沒有來去的執著，才是真正的一來果

「須菩提，於意云何？斯陀含能作是念『我得斯陀含果』不？」

須菩提言：「不也，世尊。何以故？斯陀含名一往來，而實無往來，是名斯陀含。」

佛陀問：「須菩提，你是怎麼想的？一來果聖者是否認為『我已經得到了一來果』？」

須菩提回答：「不會的，世尊。為什麼呢？一來果雖然在名言中稱為一往來，但勝義之中無去無來，這才是真正的一來果。」

●　●

【斯陀含】

亦名一來果，是小乘二果。此果斷除了欲界九品修惑中的前六品，仍有三品未斷，故還要來欲界的人趣或六欲天受生一次，以此得名「一來」。

雖然在名言當中，一來果聖者還要來欲界投生一次，但在究竟實相中，他已證悟了無我的般若智慧，遠離了我來、我去的分別。《中論》云：「若無有我者，何得有我所？滅我我所故，無我我所執。」因此，如果證悟了無我空性，就能斷除對來去的執著。

什麼是不來果

「須菩提，於意云何？阿那含能作是念『我得阿那含果』不？」

須菩提言：「不也，世尊。何以故？阿那含名為不來，而實無不來，是故名阿那含。」

佛陀問：「須菩提，你是怎麼想的？不來果聖者是否認為『我已經得到了不來果』？」

須菩提回答：「不會的，世尊。為什麼呢？不來果雖然在名言中不來欲界，但勝義之中沒有來與不來的分別，這才是真正的不來果。」

【阿那含】

亦名不來果、不還果，是小乘三果。此果能安住於色界或無色界，不需要再來欲界受生，故稱為「不來」。與前一樣，不來果雖在名言中不來欲界投生，但依勝義理論觀察，所謂「來」與「不來」根本不可得。

按理來說，佛經理應由弟子提問，釋迦牟尼佛回答。但有時候恰恰相反，就像這部《金剛經》，很多地方是釋迦牟尼佛提問，須菩提回答，然後佛作個印證就可以了。大家熟悉的《心經》也屬於這種情況。故而從這部經也能看出，佛經可以是佛陀親口宣說的，也可以是佛陀予以印證的。

阿羅漢為什麼叫「戰勝敵人」

「須菩提，於意云何？阿羅漢能作是念『我得阿羅漢道』不？」

須菩提言：「不也，世尊。何以故？實無有法名阿羅漢。」

佛陀問：「須菩提，你是怎麼想的？阿羅漢是否認為『我已經得到了阿羅漢果』？」

須菩提回答：「不會的，世尊。為什麼呢？就勝義而言，根本不存在實有的阿羅漢。」

【阿羅漢】

是小乘的最高果位。此果已出離輪迴，不再轉生六道。但相對大乘而言，仍有細微的所知障未斷，因此並不究竟。

阿羅漢，在藏文中是札炯巴，直譯為「勝敵」，表示戰勝了煩惱這種敵人。雖然還沒有戰勝所知障的敵人（三輪執著引起的一種障礙），但他完全斷盡八十一品修惑，解脫了輪迴，從這個角度也可以叫戰勝敵人。

小乘中，阿羅漢是最高的果位，但依大乘《妙法蓮華經》《定解寶燈論》的說法，他最後一定要迴小向大，趨入大乘。

現在有些人對大乘、小乘分不清，認為阿羅漢已經獲得了無生法忍，境界與八地菩薩等同。持此觀點的人，可能沒有看過《俱舍論》，也沒有學過《現觀莊嚴論》等大乘教典，在理解佛法的過程中，出現一些不符合佛經的說法也情有可原。

此處，須菩提說阿羅漢肯定沒有「我是阿羅漢」的執著，為什麼呢？因為在實相中阿羅漢滅盡了五蘊，斷除了意識分別。

小乘如此承認，大乘也這樣認為，《入中論》云：「癡障性故名世俗，假法由彼現為諦，能仁說名世俗諦，所有假法唯世俗。」意思是說，凡夫由於無明障蔽，妄將世俗的顯現執為實有，所以叫做「世俗諦」；但在阿羅漢和佛菩薩面前，已經斷除了這部分實執，故一切假立之法唯是「世俗」，而非「諦」實。因此，阿羅漢出定後也知道自己是阿羅漢，但卻沒有諦實的執著。

阿羅漢若認為「我已得到阿羅漢果」，會有什麼過失

「世尊，若阿羅漢作是念，我得阿羅漢道，即為著我、人、眾生、壽者。」

「世尊，阿羅漢若認為『我已經得到阿羅漢果』，則有我相、人相、眾生相、壽者相的執著。」

●

●

如果阿羅漢認為「我」是阿羅漢，就會有我相；知道自己是阿羅漢，別人是凡夫，便有了人相；認為三界輪迴中很多眾生沒有得到阿羅漢果，即是眾生相；我這個阿羅漢何時入滅盡定，

融入法界中，則為壽者相。只要有了「我得阿羅漢道」的念頭，四種執著便應運而生。

《入中論》說，眾生輪迴之因，即是我執與我所執。假如阿羅漢沒有斷除這些，就跟凡夫沒有任何差別了，又怎麼會是阿羅漢呢？

真正的阿羅漢不可能覺得「我是人中第一，我很了不起」

「世尊，佛說我得無諍三昧，人中最為第一，是第一離欲阿羅漢。」

須菩提說：「世尊，您說我獲得了無諍三昧，在人中最為第一，是離欲第一的阿羅漢。」

【無諍三昧】

藏文中叫「無惱禪」，玄奘和義淨譯為「無諍住」。

《華嚴經》云：「有諍說生死，無諍即涅槃。」《俱舍論釋》中也說，在家人由於貪圖樂受，為了財產、田地、牲畜、女人而爭論不休；出家人由於對自他宗派有好壞的想法，進而展開辯論破立。但不管是世間人、修行人，如果沒有遠離爭論，不要說獲得無上涅槃，就算處理人際關係也非常頭痛——今天兩個人相處融洽，明天就可能勢同水火。因此，《涅槃經》說：「一念不生，萬法無諍。」只有息滅了執著分別念，才能斷除一切爭論，證得須菩提的境界。

【人中最為第一】

佛陀的十大弟子雖然都是阿羅漢，但證悟的境界各有所長。比如，迦葉是頭陀第一、舍利子是智慧第一、目犍連是神通第一、富樓那是說法第一、阿難是多聞第一、須菩提是解空第一（或者說離欲第一）。這些都可稱為「人中第一」。

【第一離欲阿羅漢】

所謂「離欲」，是指離開一切煩惱。本來阿羅漢都離開了一切煩惱，但根據小乘的論典，其境界也有高低之別，須菩提在阿羅漢中是最殊勝的阿羅漢。

在世俗現相上，須菩提對般若空性的領悟最高，每次說出自己的體會，佛陀都讚歎「善哉、善哉」，完全同意他的說法。佛為了印證弟子的根基，也曾於大眾面前說：「我的十大弟子中，須菩提是離欲第一、解空第一。」但這也只是名言中的說法而已，真正的阿羅漢不可能有增上慢，認為「我是人中第一，我很了不起」。

下面從勝義中分析阿羅漢的境界。

「色即是空，空即是色」

「我不作是念，我是離欲阿羅漢。世尊，我若作是念，我得阿羅漢道，世尊則不說須菩提是樂阿蘭那行者，以須菩提實無所行，而名須菩提是樂阿蘭那行。」

須菩提說：「儘管佛陀說我是離欲第一阿羅漢，但實相中我根本沒有這種執著。如果我有這種執著，自認為已得阿羅漢道，那佛陀根本不會說我是離欲第一、喜寂靜者。正因為證悟了實相，無有所行，佛陀才稱我為喜寂靜者。」

阿羅漢雖有各種顯現，但已斷盡我與我所的實執。就像大乘菩薩一樣，《寶性論》中說，在眾生面前可以顯現生老病死等種種痛苦，但他的真實境界中，並沒有凡夫的絲毫執著。

大家若能通達緣起性空，就會知道一切法根本不矛盾，不但不矛盾，而且其中頗有甚深意味。

【樂阿蘭那行者】

「樂」是喜歡，「阿蘭那」是寂靜，「樂阿蘭那行者」是喜寂靜者。此處的寂靜，指身口意寂靜、調伏煩惱，這一點只有阿羅漢才做得到。最殊勝的阿羅漢，就是最寂靜者。

我們凡夫不是寂靜者，而是憒鬧者、散亂者，身口意三門整天為了名聞利養而奔波忙碌。只有遠離了能所執著（對「能」證悟的我、「所」證悟的聖道產生的執著），才可證悟阿羅漢果，成為最寂靜者。《定解寶燈論》講義中就曾引用過七個教證、三個理證，說明阿羅漢必須要證悟法無我。其實用《金剛經》的教證也可證明：阿羅漢若沒有證悟法無我，而僅僅證悟了人無我，就會墮入一個邊，故對緣起性空必須有所了悟。

在勝義中，須菩提並沒有執著自己是離欲第一的阿羅漢，但名言中佛陀的確如此讚歎，這就是「色即是空，空即是色」的緣起之理。

緣起之理，唯有佛陀方能徹底了知，世間人則很難通達。但若不懂這個道理，縱然是名聲蓋世的大法師，證悟聖道也有一定的困難。

龍猛菩薩在《出世論》中說：依靠分別念承認自生、他生、共生、無因生的戲論者，由於尚未通達諸法實相，難免會遭受種種痛苦，而佛陀所說的緣起生，才是一切萬法的真相，是宇宙唯一的真理。

所以，緣起性空之理非常重要。假如通達了這一點，就會明白須菩提在實相中沒有任何執著，但在如夢如幻的現相中，可以稱之為「離欲第一」。

第十品 莊嚴淨土

以上講了四聖者都要斷除對果位的執著，接著講往昔佛陀的授記、器世界、有情世界三方面也無實有。

這三者的次第關係是：在名言中，佛陀先得到授記（授記），然後將來住持清淨剎土（器世界），度化無量眾生（有情世界）。

獲得法是一種分別念，理應捨棄

佛告須菩提：「於意云何？如來昔在燃燈佛所，於法有所得不？」

「不也，世尊。如來在燃燈佛所，於法實無所得。」

佛告訴須菩提：「你是怎麼想的？如來往昔在燃燈佛前，是否得到過授記，是否真實有所得之法？」

須菩提說：「名言中雖可如是承認，但依勝義諦觀察，如來在燃燈佛前並未得到任何法。」

看來須菩提什麼都說「不」，就是最好的答案了。當然，勝義中須菩提說得非常對，但名言中釋迦牟尼佛也曾得過法。《賢劫經》中記載，在九十一劫前，釋迦牟尼佛是法雲童子時，在燃燈佛面前得無生法忍，獲得了八地菩薩的果位。然後燃燈佛給他授記：「在九十一劫後的賢劫，你將於娑婆世界成佛（第四佛），號釋迦牟尼。」所以，名言中釋迦牟尼佛確實得過授記，並在燃燈佛面前得過法，獲得無生法忍。

但勝義中，這一切是不存在的，沒有所得之法，沒有能得之人，也沒有獲得之相，能所本來就是大空性。世親論師說：「獲得法是一種分別念，理應值得捨棄。」其他經典中講：「菩薩若有已得授記的念頭，這不是真正的授記，而是魔的授記。」法王如意寶也常告誡我們：「假如認為得到本尊授記，從此不用精進也肯定會成就。有了這樣的傲慢和執著，就不是真正的授記。」

六祖大師則認為，佛法廣大無邊，猶如太陽光般周遍一切，沒有能得所得，故無有任何可得。六祖的解釋跟前面的略有不同，但究竟意義沒什麼差別。

總之，從勝義上講，釋迦牟尼佛在燃燈佛前沒得過授記和法，但名言中必須要承認得過，不然，許多經典中的公案講不通。因此，學《金剛經》一定要分清勝義諦和世俗諦！

除了心清淨，世上沒淨土

「須菩提，於意云何？菩薩莊嚴佛土不？」

「不也，世尊。何以故？莊嚴佛土者，即非莊嚴，是名莊嚴。」

「須菩提，你是怎麼想的？菩薩有沒有真實莊嚴剎土？」

「沒有，世尊。什麼緣故呢？因為所謂的莊嚴佛土，並非勝義中的莊嚴，而是名言中的莊嚴。」

一地到十地的菩薩，都要建立莊嚴自己的剎土。比如，釋迦牟尼佛因地時發下五百大願，將來要住持娑婆世界；阿彌陀佛當法藏比丘時發過四十八願，將來住持極樂世界；藥師佛也曾發了十二大願，將來住持琉璃世界。依《現觀莊嚴論》的觀點，清淨三地（八至十地）時，專門要修持清淨剎土。故從名言來說，菩薩必須要莊嚴自己的剎土。

現在有些修行人也是如此，一邊在佛學院求學，一邊聯繫外面的居士和大和尚，希望自己以後有個道場，不然回去沒有弘法利生的地方。同樣，菩薩將來成佛時，也需要有一個剎土，否則，度化眾生的誓願不一定實現。因此，名言中這一切都成立。

但須菩提的回答，是從勝義來講的。因為菩薩莊嚴剎土，從實相上而言，能莊嚴的沒有，所莊嚴的也沒有，莊嚴的形象也不存在。如果真實存在，必定是以微塵的方式或器世界的方式，但這樣的器世界或這樣的微塵，用勝義智慧來觀察，是根本找不到的。

所以，顯宗了義經典《維摩詰經》中說：「心淨則國土淨。」名言中只要心清淨，一切的顯現必心清淨，在具髻梵天的眼裡，娑婆世界也全是清淨剎土。但若進一步觀察，勝義中剎土並沒有一個實有的微塵，都是自性清淨而現前的。

禪宗也有這麼一句話：「心的本性是清淨道場，除了心清淨以外，並沒有其他的淨土。」

總之，了義經典中的究竟意趣，就是心清淨則剎土清淨，此外不存在一個實有的琉璃世界、娑婆世界、極樂世界……這些世界在名言中雖可成立，但實相中莊嚴剎土是不存在的。這就是「即非莊嚴」的涵義。

那麼，「是名莊嚴」是什麼意思呢？從名言來說，這些剎土應該是有的。比如在夢境中，自己去一個花園裡享受快樂，這是可以承認的。因此，名言中莊嚴剎土，是夢幻般的存在——菩薩以如幻的發心，莊嚴如幻的剎土，最後現前如幻的果位，度化如幻的眾生，這都是合理的。

「應無所住而生其心」

「是故，須菩提，諸菩薩摩訶薩，應如是生清淨心，不應住色生心，不應住聲、香、味、觸、法生心，應無所住而生其心。」

佛說：「所以，須菩提，發了菩提心的大乘菩薩應如是生清淨心，不要被世間的貪嗔癡所轉，不要執著色、聲、香、味、觸、法，應無所執著而生清淨心。」

六祖證悟的，就是後面幾個字——「應無所住而生其心。」以前五祖讓大家唯一念修《金剛經》，若實在念不來，只念「摩訶般若波羅蜜」，也可以代表《金剛經》。因為這句話的意思是智慧到彼岸或智慧度，智慧度包括了所有的《般若經》，而《般若經》又統攝在一句「摩訶般若波羅蜜」中。所以，現在漢傳佛教仍有這樣的傳統，如果一些老年人不識字，淨土宗的就念「阿彌陀佛」，禪宗的就念「摩訶般若波羅蜜」。

大菩薩應當發清淨心，不要對外境的色法生心，分別「這是白色、紅色」「那是長方形、三角形」，因為這些全部屬於執著。同樣，對聲香味觸法生心也是執著，理當一併斷除，要無所住而生其心，就像《現觀莊嚴論》中所說，遠離一切所緣和能緣。

以前六祖大師依此而證悟，因為這句話涵攝了中觀最殊勝的要義。按照我自己的理解，「應無所住」是講空性方面，萬法沒有能緣所緣，跟虛空無有差別，故應對其斷除實執；「而生其心」是講空性的同時顯現不滅，智慧可以在空性中產生。

《入中論》中說諸法都是空性，但空性中卻可以有顯現。所以，此處抉擇了中觀最究竟的密要——現空無二。空性方面來講，與龍猛菩薩的《中觀六論》觀點一致；顯現方面來講，與彌勒菩薩《寶性論》的道理無別。心的本體雖然是空性，但智慧的妙用不滅，這就是究竟實相。

因此，按照我的理解，「應無所住」是大空性，「而生其心」是大光明；用大圓滿來解釋，「應無所住」是本來清淨，「而生其心」是任運自成；就顯宗而言，「應無所住」是第二轉法輪的密意，「而生其心」是第三轉法輪的密意。這樣的一句話，完全能讓人證悟心的本性。

六祖開悟之後，五祖在印證時曾說：「不識本心，學法無益。若識自本心，見自本性，即名丈夫、天人師、佛。」

如此殊勝的金剛語，大家應該好好體會。尤其是對《金剛經》有大信心的人，通過學習，若能精通其甚深涵義，或許就有證悟的機會。

有智慧的人，絕不貪戀夢中的身體

「須菩提，譬如有人，身如須彌山王，於意云何？是身為大不？」

須菩提言：「甚大，世尊。何以故？佛說非身，是名大身。」

佛問：「須菩提，你是怎麼認為的？若一個人的身體猶如須彌山（分析有情世界時，『人』只不過是一種代表），這樣的身體大不大？」

「非常大，世尊。為什麼呢？因為勝義中諸法皆空，沒有身體就是最大的身體。」

須菩提答得很好！眾生的身體依靠蘊聚而成，乃至螻蟻以上，每個眾生都有不同的身體。假使有的身體像須彌山那樣大（按《俱舍論》的觀點，須彌山高十六萬由旬，相當於一〇六八八〇〇公里），比如阿修羅王羅睺，身體正好與須彌山大小相同。這種身體在名言中雖然大，但在勝義中一切諸法皆是空性，根本沒有大小的差別。

佛陀之所以這樣提問，主要是為了破除外道的實執。有些外道認為，整個器情世界的創造者是一位大尊主，他的身體極為龐大，且堅固不變、永恆存在。在名言中，若真有人的身體是這樣，那確實很大，但在勝義中，實際上身體是一種色蘊，仔細去觀察，所謂的「大」是沒有的。

須菩提說「佛說非身，是名大身」，沒有固定的形體，才是真正的大身。《入行論》也抉擇身體為空性，勝義中連一個微塵也沒有，最後得出結論：「是故聰智者，誰貪如夢身？」真正有智慧的人，絕不貪戀夢幻般的身體，畢竟夢中的身體再高大，也不過是迷亂的顯現。

伏藏大師列繞朗巴在色達佛塔那裡，曾見過三四層樓那麼高的聖尊，但就實相而言，這只是如夢的身體，並不是真實的身體。因為因緣所生的一切法，均無有真實，同樣，身體也是因緣所生，故必定是空性。

佛陀最究竟的觀點，就是身體無有大小，在勝義中都是空性。世親論師也說：「依靠名言諦，如夢的身體是承認的，但依靠勝義諦，身體連微塵許也不存在。」

因此，大家學《金剛經》時，務必要分開二諦。我們沒有觀察時，身體也有，剎土也有，好像什麼都有，但真正通過觀察，萬法完全是無實空性。若分析一個人的身體不存在，就能推出輪迴中所有眾生的身體都不存在。身體不存在的話，依靠身體而產生的種種行為又哪裡會有？

第十一品 無為福勝

持誦《金剛經》，能行難做之事，能獲廣大福德

「須菩提，如恆河中所有沙數，如是沙等恆河，於意云何？是諸恆河沙寧為多不？」

須菩提言：「甚多，世尊。但諸恆河尚多無數，何況其沙。」

「須菩提，我今實言告汝，若有善男子、善女人，以七寶滿爾所恆河沙數三千大千世界，以用布施，得福多不？」

須菩提言：「甚多，世尊。」

佛告須菩提：「若善男子、善女人，於此經中，乃至受持四句偈等，為他人說，而此福德，勝前福德。」

佛問：「須菩提，你是怎麼想的？恆河中所有沙子數量那麼多的恆河，這些河中所有的沙子多不多？」

須菩提回答：「非常多，世尊。僅僅是恆河沙數的這些恆河，就已多得無可計數，何況所有河中的沙子數量，更是令人無法想像。」

「須菩提，我今天以真實的語言來告訴你，若有善男子、善女人，用七寶遍滿如此多數量的三千大千世界來作布施，所得福德多不多？」

須菩提回答：「非常多，世尊。」

「如果善男子、善女人持誦《金剛經》，乃至受持四句偈，並為他人宣說，其功德遠遠超過了前面的福德。」

【恆河】

「恆河」在佛經中經常出現，它是亞洲的大河流之一，上游在西藏，源頭是一座形似大象的山，股股清流從象口中吐出，中途匯集百川，經過印度、孟加拉國進入印度洋。印度的聲明學家認為，喝恆河水可以開啟智慧；裸形外道認為，在恆河裡沐浴能清淨罪障。

以前，我和法王去印度時，也看到了恆河，覺得恆河的沙子跟海邊的沙子沒多大差別，有些地方沙子特別多，有些地方看不見沙，河中有裸形外道天天在沐浴。

關於恆河，辭藻學中有一則動人的故事：梵天派一位天女來到人間，她不好意思以美女的形象出現，於是以一條河流的方式，從匝賀仙人的頭髮裡出來。所以，辭藻學常將恆河稱為「梵天美女」或者「天河」。

藏地有位著名的文學家，大概是十三世紀的人，他說佛經中的「恆河沙」，有兩種解釋方法：一是恆河岸邊的沙子，一是泛指大海邊的沙子。

不管怎麼說，以遍滿那麼多三千大千世界的七寶作布施，功德是無法想像的。不要說遍滿三千大千世界的七寶，縱然以低劣的財物進行布施，也有很大功德。

《寶鬘論》中說：「施乞微劣物，後世獲百倍。」給乞丐一點微不足道的財物，後世也能獲得百倍的功德。所以，凡是相信佛語的人，都知道財布施的功德不可思議。

但與持誦《金剛經》的法布施相比，財布施的功德就不值一提了，佛經中處處都講了這個道理。因為法布施涉及的是智慧度，它是遣除眾生無明黑暗的根本因，而財布施只能讓眾生得到暫時的滿足，今生中吃得飽、穿得暖，無法斷掉生生世世的無明。然而，現在有些人非常顛倒，對財布施相當重視，對法布施卻不屑一顧。

世親論師把持誦《金剛經》的功德，歸納為四個方面：一、獲得廣大福德；二、能行難做之事（將三千大千世界遍滿七寶作布施，凡夫根本辦不到，而念一遍《金剛經》，凡夫能夠做得到，且福德超勝於彼）；三、諸天恭敬；四、等同佛身。後兩個功德後面會講，這裡先宣說前兩個功德。

持誦《金剛經》有廣大福德，這是不可思議的緣起力所致。什麼緣起力呢？因為這是佛陀的教言，若能依教奉行，做小小的善事，也會得到極大利益。《地藏經》中云：「未來世中，若有善男子、善女人，於佛法中所種善根，或布施供養，或修補塔寺，或裝理經典，乃至一毛一塵一沙一滴，如是善事但能迴向法界，是人功德百千生中受上妙樂。」《佛陀種性經》中也說：「於導師佛陀，雖做微小事，轉種種善趣，後獲菩提果。」念《金剛經》是一件比較簡單的事情，但所得的功德無法衡量，大家應對此堅信不疑，這是佛的金剛語。

唐朝有個人生平念誦《金剛經》，後來得了麻瘋病，無人敢去照顧，家人不得不把他送到寂靜的山裡，任其自生自滅。他在那裡坐以待斃，看著身體一塊一塊糜爛，內心特別痛苦。有一天，森林裡來了隻老虎，他特別害怕，忽然想起《金剛經》中的四句偈，便閉起眼睛一直念。老虎走到他跟前，用舌頭舔他的傷口，他更加害怕，顫抖不已。過了一會兒，老虎走了，他睜眼一看，傷口完全痊癒了。

因此，《金剛經》的功德不可小覷，即使只念四句偈，也能遣除無量痛苦，獲得無量福德。這並不是一種傳說，佛陀的金剛語無有欺惑，我們若能一心持誦，最終必可獲得菩提果位。

第十二品 尊重正教

念誦《金剛經》的人同佛塔寺廟一樣值得恭敬

「復次，須菩提，隨說是經，乃至四句偈等，當知此處，一切世間天、人、阿修羅，皆應供養，如佛塔廟，何況有人盡能受持、讀誦。須菩提，當知是人成就最上第一希有之法。」

佛告訴須菩提：「無論是誰，若能隨時隨地宣講這部經，就算只有四句偈，此處也是一切世間天、人、阿修羅等的供養境，他們會像對佛塔寺廟一樣恭敬。何況有人全部讀誦受持《金剛經》，功德之大就更不用說了。須菩提，此人將成就最無上的希有之法。」

此處的字面意思比較簡單，稍有智慧的人都懂，但若沒有對內容進一步分析，不太精通經論的人常會生起一些懷疑：「為什麼有《金剛經》的地方，就如同有佛住世？」「念誦之人為何同佛塔寺廟一樣值得恭敬？」因此，依靠佛經論典的教證分析很有必要，倘若真正明白了這一點，這就是聽聞《金剛經》的收穫。

這裡，佛陀給須菩提講了此經的殊勝功德。什麼樣的功德呢？按照鳩摩羅什的本意和漢地許多法師的解釋，無論何時何地，不管是出家人、在家人，凡是宣說這部經典，乃至四句偈以上，其所在之處是一切天龍夜叉供養的對境，猶如佛塔。

這可以從兩方面來解釋：一個人宣講《金剛經》，他所在的地方是供養境；或者他這個人是供養境，眾生應視之為佛塔般恭敬。

此處的「隨說」，一般只理解為宣講，而沒有包括念誦，給人的感覺好像是念誦《金剛經》沒有這種功德。但在藏文中，就有「念誦」這個字眼，即無論是自己念誦，還是為別人宣說，只要是四句偈以上，該處已成了真正的佛塔寺廟，諸天人理應恭敬。所以，我覺得藏文的意思比較廣一點。

為什麼會有如此功德呢？

一、《金剛經》詮釋的是般若空性，它是一切諸佛及阿耨多羅三藐三菩提的出生處。

二、釋迦牟尼佛在《耳飾經》中說：「末法五百世，我現文字相，觀想彼為吾，爾時當恭敬。」末法時代，佛陀以文字的形象應世，既然如此，《金剛經》肯定是釋迦牟尼佛，如果對其恭敬，必定會獲得加持。

三、持誦《金剛經》的人，與佛身無別。

四、持誦般若經的人，是佛所派來的使者，在做如來的事業。

因此，噶當派的一位尊者說：「一個人的家裡若有般若經、佛塔、佛像，這就成了真正的佛堂。」

有《金剛經》之處，諸天護法也會竭力護持。唐朝末年有個人，見一處非常廣闊清淨，遂以歡喜心在地上抄寫《金剛經》。年深日久，字跡已消失不現，但天人日夜守護該地，每當下雨雪冰雹，其他地方皆被淋濕，唯有此地是乾乾的一片，鄉民經常到這裡避雨。

後來，一位得道的和尚入定觀察，得知曾有人在此寫過《金剛經》，故有天人保護不為雨淋，若無知踐踏經文有極大過失，於是勸鄉民不可到此躲雨。

不僅書寫《金剛經》的功德很大，將其帶在身上也有不可思議的感應。唐朝有個人常把《金剛經》裝在口袋裡，魔眾準備危害他時，往往是無計可施。有一次怨敵向他射箭，雖然射中了心間，卻並未穿入受傷。

當然，這些功德光是口頭上講，有些人不一定相信，只有通過各種教證來說明，才會知道《金剛經》跟佛陀沒有任何差別。而且，大家念誦經文時，肯定都會憶念佛陀，一旦憶念的話，佛陀就會住於你面前，《三摩地王經》云：「何人憶念能仁尊，本師恆時住彼前。」

【受持讀誦】

這是鳩摩羅什翻譯的。玄奘的譯本與藏文比較相合，即「書寫、受持、讀誦、究竟通利，及廣為他宣說、開示、如理作意」，這個意思比較全面——若有人諷誦、受持、書寫《金剛經》四句偈，功德自是無法言說，但如果能通達整個經義並如理作意，功德就更不待言了。

之所以這樣說，憨山大師在《金剛決疑》中道出了緣由：「以此四偈，即法身全體故，如佛住世，與弟子宣說無二故也。」

受持四句偈就有這麼大的功德，那精通完整的《金剛經》，定能成就最無上之法，獲得如來果位，正如火中生蓮一樣難得。

而且，經典所在之處，實則為佛陀所在之地。因為，一方面是末法時佛現為文字相，另一方面，《般若經》中說：「般若所在之處，十方諸佛常在其中。故欲供養佛，當供養般若，般若與佛無二無別。」所以，有了《金剛經》，天人會時時予以保護，不受邪魔外道侵擾。即使有魔眾危害，只要誠心誠意地念誦《金剛經》，彼等也必定不敢近前。

鑒於此，古來漢地大德對《金剛經》特別重視。尤其是唐朝的大顛禪師，一生中曾抄寫《金剛經》一千五百遍，《法華經》三十遍。

《金剛經》在哪兒，佛就在哪兒

「若是經典所在之處，則為有佛，若尊重弟子。」

「因為《金剛經》是一切諸佛的心髓，故這部經典所在的地方，就是有佛的地方，就是有佛最尊貴的弟子的地方。」

●●

藏文中譯為：「若是經典所在之處，則為有佛，則為有上師。」意思是說，般若所在之處，佛陀就在那裡，為眾生指路的善知識也在那裡，此乃佛的真正道場。

第十三品

如法受持

《金剛經》裡處處是寶，可隨意取

爾時，須菩提白佛言：「世尊，當何名此經？我等云何奉持？」

佛告須菩提：「是經名為《金剛般若波羅蜜》，以是名字，汝當奉持。」

此時，須菩提問佛：「世尊，這部經取什麼名字？我們應如何信受奉持？」

佛說：「此經叫《金剛般若波羅蜜經》，以此名稱與文字，你們可了知其本義，並如理奉持。」

在具體分析之前，再次提醒大家注意：學經典不同於學論典，論典一次只講一個問題，但經典有自己的特點，它的內容就像珍寶倉庫一樣沒有次第，有時候看到金子，有時候看到銀子，有時候看到珊瑚……各種各樣的珍寶全部堆在一起，可以隨意選取。（後來大德們在造論時，必須將其歸納總結。）同樣，佛陀在講《金剛經》時，有時候講聽聞此經的功德，有時候講恭敬此經的功德，有時候開始抉擇空性。後來弟子在結集時，完全忠於現場記錄，將佛陀和須菩提的一問一答匯錄成文，並沒有考慮順序排列。

當然，每個問題都有甚深的密意，譬如對執著身體的人，佛就問「須彌山般的身體大不大」，進而將身體抉擇為空性；對世界有實執的人，佛陀問「世界是不是很廣大」，打破其實有執著。所以，這些並不是無的放矢。

前面已講了該經的功德非常大，所以，須菩提就問佛此經叫什麼名字，以後依靠什麼樣的名字來研究、學習、修持？佛陀在回答時，每一字都有不共的意義，不是隨便信口開河。

在世間，我們凡夫說話大多肆無忌憚；小乘阿羅漢在出定時，偶爾也有不如法的言語，甚至還會哈哈大笑。而佛陀不是這樣，他的字字句句皆有密意，完全相合於聽者的根基。

佛陀是怎麼回答的呢？「這部經叫《金剛般若波羅蜜經》，你們以後書寫也好、讀誦也好，都可以用這個名字。」

所謂「金剛」，是指能毀一切，而不為一切所壞。「般若」是智慧，《六祖壇經》說：「般若者，唐言智慧也。」至於「波羅蜜」，《六祖壇經》說：「此是西國語（梵語），唐言到彼岸。」

「般若波羅蜜多」，譯為智慧到彼岸。這有兩種解釋方法：1. 從道智慧而言，指我們正在趨往佛陀的智慧；2. 從果智慧來講，指已經真正獲得了佛陀的智慧。

般若的種類，在《現觀莊嚴論釋》中，分為文字般若、自性般若、道般若、果般若四種；而薩迦派果仁巴大師，根據陳那論師的「智慧即無二，道文亦立名」，將般若分為文字般若、道般若、果般若三種。最究竟的彼岸，就是果般若，也即佛陀的智慧，《金剛經》主要宣說的就是這個。因此，以後大家諷誦、書寫、如理作意等時，都應按這種意思來觀想。

空性，並不是什麼都沒有

「所以者何？須菩提，佛說般若波羅蜜，即非般若波羅蜜。」

「為什麼呢？須菩提你應該知道，佛所說的般若波羅蜜，並不是實有的般若波羅蜜。」

●　●

三世諸佛在經中都講到了「般若波羅蜜」，但佛經中的「般若波羅蜜」，只能暫時引導眾生。如世界上的邪門外道及不信佛教之人，根本不願聽般若法門；有一部分內道徒雖有緣聽聞，但對空性有極大的恐懼心；還有些人儘管在修般若空性，但由於善根沒有成熟，無法體悟其意境。為了幫助這部分眾生，佛陀才在很多經典中大篇幅講般若波羅蜜。

然而，這只是在迷亂眾生面前的顯現，若真正來衡量，般若波羅蜜也是空性，無有任何法相，如《華嚴經》云：「本性清淨，無染無亂。」在勝義當中，般若波羅蜜非般若波羅蜜，根本沒有「到達彼岸」與「未到達彼岸」的分別。但在名言中，緣起顯現不滅，故可叫般若波羅蜜。

佛對一切法都是這樣講的，這有什麼必要呢？就是讓所有眾生證悟空性，獲得般若波羅蜜的境界。當然，空性並不是什麼都沒有，而是現空無二的。即使佛陀在成道以後，也不是什麼都不做，仍要顯示轉法輪、涅槃等行為。

「須菩提，於意云何？如來有所說法不？」

須菩提白佛言：「世尊，如來無所說。」

佛問：「須菩提，你是怎麼認為的？如來有沒有所說之法？」

須菩提答言：「世尊，如來從未說過任何法。」

前面已經分析過如來無有所說之法，但此處再次提出來，是因為這裡正在講般若空性，與佛的第二轉無相法輪關係密切。既然萬法都是空性，那麼揭示空性的第二轉法輪是否也不存在呢？

對此，須菩提完全通達了佛的密意，知道名言中雖然顯現轉法輪，但在勝義實相中，如來從成佛至涅槃，沒有說過一字一句。如經云：「我已成如來，未說一字法。」

因此，從實相而言，如來所說的法，沒有任何相狀，也沒有任何所緣，若去妄加執著，則非究竟。但為了引導不同根基的眾生，佛陀可以應機施教，開設不同的法門，這在名言中是承認的。

什麼時候相違之法能共存

佛又以微塵和世界之間的差別，來抉擇諸法空性：

「須菩提，於意云何？三千大千世界所有微塵，是為多不？」

須菩提言：「甚多，世尊。」

「須菩提，諸微塵，如來說非微塵，是名微塵。」

佛問：「須菩提，你是怎麼想的？三千大千世界的微塵是不是很多？」

須菩提說：「非常多，世尊。」

「須菩提，你應該知道，如來已經說過，所有微塵不是真正的微塵，不是微塵就是微塵。」

不懂勝義諦和名言諦的人，可能覺得這裡有點難懂：「佛到底在說什麼？不是微塵就是微塵，這不自相矛盾嗎？」就像有些人不明白「色即是空，空即是色」一樣，他們覺得兩個相違的事物不可能共存。但若如實通達了緣起法，這些就不成問題了。

大家都知道，名言中可以承認一個泥團有無數微塵，三千大千世界的微塵，更是多得不可計數。這裡須菩提顯得有點笨，好像不明白佛的密意，竟然說特別特別多，似乎對微塵特別執著。佛陀看他對微塵的執著非常嚴重，便開始抉擇微塵為空性，當時佛是這樣說的：「儘管顯現上微塵特別多，但從勝義上觀察，這些微塵並不是微塵。」

為什麼這樣講呢？我們學《入行論・智慧品》時也觀察過，無論是無分微塵、有分微塵，都非實有。

若是無分微塵，它在組成粗塵時，若有東方的方所，必然有東方的一分，無分微塵如果有分，又怎麼是無有任何方分的極微呢？《四百論》云：「微若有東方，必有東方分，極微若有分，如何是極微？」而若是有分微塵，則可繼續分割下去，不可能成立為實有不變。這樣一觀察，認為佛像上有灰塵、衣服上很髒，勝義中都是不成立的。

如果微塵實有存在，那再怎麼觀察，都會破不了，但這是不可能的。儘管在眾生的迷亂顯現面前，微塵是有，它落入我們眼裡，還是很麻煩，但真正剖析下去，這些微塵不是微塵。

這個世界也是如夢如幻

「如來說世界，非世界，是名世界。」

「如來說所謂的世界，也不是真正的世界，不是世界就是世界。」

《華嚴經》中講過，三千大千世界是以迷亂因緣而形成的，如果詳細觀察，怎麼會有一個成實的世界？《普賢行願品》也說：「一塵中有塵數剎。」試想，假如不可計數的世界真實存在，怎麼可能全部聚集在一個小小的微塵上？

當然，在迷亂的眾生面前，可以顯現為：這個世界上有七十多億人口，甚至再廣一點，還有外星世界的存在，但從勝義來觀察，這些世界是不成立的。

因此，這部《金剛經》的涵義深不可測，每個問題都要有兩方面的對比：名言顯現中是無欺存在，而勝義觀察時，卻如夢幻般絲毫無有。大家務必要弄懂這一點！

心清淨之人，見什麼都是佛；
心不清淨者，只見各種醜相

「須菩提，於意云何？可以三十二相見如來不？」

「不也，世尊。不可以三十二相得見如來。何以故？如來說三十二相，即是非相，是名三十二相。」

佛問須菩提：「你是怎麼想的，能否以三十二相見到真正的如來？」

須菩提答道：「不能，世尊，不可以三十二相見到如來。為什麼呢？因為如來所說的三十二相，以勝義理來觀察時，並不是如來的真相，只是名稱上叫如來的三十二相。」

眾生由於無始以來的習氣熏染，現見的對境各不相同。一般而言，凡夫只能看到不清淨的五蘊，而菩薩所見，則是清淨的聖者法相。所以，有些人對如來身相有一定的執著，他認為輪迴是不清淨的，而如來的十力、四無畏、十八不共法、三十二相、八十隨好等具足功德，理應值得希求。（佛的「三十二相」，《大智度論》《現觀莊嚴論》《中觀寶鬘論》中講得非常清楚。「十力」，《入中論》解釋得比較詳細。「十八不共法」，《智者入門》中講得很廣泛。）

這種想法，在名言清淨量面前，也是合理的，名言中確實有清淨與不清淨的差別。比如外道本師見釋迦牟尼佛具足十八種醜相，而迦葉尊者見佛有三十二相、八十種好。因此，在名言中，心清淨的人，見佛相好圓滿；心不清淨者，只能見到各種醜相。（佛陀多生累劫中修積福德，感得肉髻、白毫等殊勝身相，醜相在佛身上完全沒有。）

現在很多人認為：「佛的相好莊嚴最了義，沒有比這更殊勝的了，三十二相永遠也不會空。」這種執著是不究竟的。從勝義的角度說，這種清淨量並不應理。為了破除此種觀點，佛問須菩提，能不能以相好圓滿的色身見到如來本體？須菩提不是一般的根基，他已證悟了佛和眾生的本性，所以回答說：以相好見佛不合理。

為什麼這樣說呢？因為三十二相是色身的功德（色身分為報身、化身，釋迦牟尼佛是殊勝化身），以三十二相無法見如來，三十二相只是在菩薩和凡夫面前顯現的一種夢幻，了義佛經中並不承認實有。究竟的色身即是法身，法身沒有任何相好。如《華嚴經》中說：「諸佛法身不思議，無色無形無影像。」

總之，在名言上，諸佛菩薩具足三十二相，但在勝義當中，色身的本性就是法身，根本沒有什麼相。而有些講義中，把法身與色身分開來講，這樣不太合理！

一心念誦《金剛經》，就能破我執、斷妄想

「須菩提，若有善男子、善女人，以恆河沙等身命布施，若復有人，於此經中，乃至受持四句偈等，為他人說，其福甚多。」

「須菩提，如果有善男子、善女人以恆河沙數的身體作布施，功德肯定非常大，但若有人受持《金剛經》，哪怕只有四句偈，並為他人解說，此功德較前更為殊勝。」

前面兩次提過「以滿三千大千世界的七寶作布施」，這裡是說「以恆河沙數的身體作布施」。前者是財布施，後者是極大布施（布施身體），其功德都是無法想像，但與法布施比起來卻望塵莫及。這一方面說明了法布施的殊勝，另一方面也體現了受持《金剛經》的功德。

《賢愚經》中記載，往昔世尊轉生為月光國王時樂善好施，一婆羅門聞名而至，告訴他：「布施外物的功德不是最大，極大布施才會令功德圓滿，你應將身體布施給我。」後來月光菩薩在鹿野苑的樹下施身時說：「我之身體於此樹下已布施過九百九十九次，加今此一回，正好一千。」

可見，菩薩為了利益眾生，在漫長的歲月中，歷經苦行圓滿布施度。

本來，布施身體的功德極大，但佛陀在此說，即使布施恆河沙子那麼多的身體，也不及受持《金剛經》四句偈的功德大。

當然，受持有形象上的受持、真實受持兩種。形象上的受持，是表面拿著經文念「一切有為法，如夢幻泡影……」，心裡卻胡思亂想、懷疑重重。這與別人千百萬劫中布施身體的行為相比，功德超勝是不可能的事情。而只有真實受持，即通達最甚深了義的經義，然後再給別人宣講，應該才有這麼大的功德。

六祖也說：「一心念誦《金剛經》，能斷除我執、斷除妄想。」只有專心致志念《金剛經》，並對經義產生定解，方可斷除人我執和法我執，以及各種各樣的妄想，言下成佛。如此念誦《金剛經》，才比捨棄身體的功德大。

世尊之所以這樣講，只是為了引發眾生的意樂，使其趨入《金剛經》。若是一點都不了解佛法的人，為了印證他的根基，可跟他說讀一遍《金剛經》有如是大的功德；等他稍微有所了解，再進一步說心散亂不行，應當精通經義、如理作意，不能馬馬虎虎念一遍《金剛經》就完事了。

【受持】

「受」是完全領悟經的意義，「持」是經常憶念其中內容。光是口頭上念念，功德不是很大，我們必須要究竟通達經義。

在藏文中，此處是「受持、通達、繕寫、如理作意」。其中，尤其如理作意十分重要。現在，念《金剛經》的人很多，如理作意的卻相當少。倘若自己連意思都不懂，怎麼談得上受持呢？《金剛經》的功德非常大，但若只是有口無心地念，而沒有明白其中內涵，不一定獲得如是功德。因此，大家要依教理通達它的本意！

第十四品 離相寂滅

具有空性智慧，才能生起大悲

爾時，須菩提聞說是經，深解義趣，涕淚悲泣，而白佛言：「希有，世尊。」

此時，須菩提聽到這部經的殊勝功德，深深地通達了此經密意，生起極大歡喜心，不禁悲淚俱下，陳白佛言：「希有，世尊。」

【涕淚】

是從空性方面而言的。須菩提確實體會到了此經殊勝無比，當佛宣說其究竟功德之後，他從心坎深處激動不已。正如《入中論》所形容的：「若有眾生聽聞空性後，內心數數生起歡喜，由歡喜而淚流滿面、汗毛豎立，這種人就是空性法門的根基。」可見，須菩提完全符合這個條件。

【悲泣】

是從大悲方面來講的。須菩提了知空性法門相當殊勝，但三界輪迴中的許多眾生無緣得聞，於是生起無比的大悲心，情不自禁地流下眼淚。就像佛經中所說：「大悲心是一切菩薩之根本，大悲心是一切智慧之母。」

【希有】

藏文中有兩個「希有」，玄奘譯的是「甚奇希有，世尊！最極希有，善逝！」也是用了兩次感歎。須菩提為什麼讚歎「希有」呢？因為依靠這樣的空性，在凡夫的心中可以種下善根，遣除一切迷亂，斬斷生死輪迴，而一般的法門根本不具備這種功德。

《金剛經》為什麼如此希有

「佛說如是甚深經典，我從昔來所得慧眼，未曾得聞如是之經。」

「佛陀您宣講如此甚深的《金剛經》，我自從獲得慧眼以來，沒有聽過這麼殊勝的經典。」

須菩提是大阿羅漢，從預流果開始，就已經獲得了慧眼。我們的肉眼只能見色法，而阿羅漢的慧眼什麼都能看得到，可以見到眾生的心，也能聽到一切聲音。當然，作為小乘阿羅漢，不可能完全通達空性，智慧肯定與大乘菩薩有極大差別。佛經中說：「聲聞所證空性，猶如牛蹄跡之水；菩薩所證空性，猶如大海之水。」

由此可知，聲聞阿羅漢雖然證悟了空性，但境界並不是特別高。《金剛經》能斷除疑惑和「有」「無」的執著，揭示一切法相不存在的真理，而且功德也非常大，如此殊勝之法，在小乘經典中根本找不到，須菩提也可能是第一次聽，因此覺得非常希有。

我對《金剛經》十分有信心，也確實感覺此經非同尋常。以前弘揚《金剛經》的法師非常了不起！聽受、持誦《金剛經》的信士也非常了不起！

有信心，就能證悟空性

「世尊，若復有人，得聞是經，信心清淨，則生實相，當知是人，成就第一希有功德。」

「世尊，若有人將來聽聞《金剛經》，生起清淨的信心，同時也產生證悟的境界。當知此人的證悟並非一般，而是成就了世間上第一希有的功德。」

我們成辦世間的瑣事，或得到一些名聞利養，並不算特別希有，因為很多凡夫都可以辦得到。但如果對《金剛經》的功德生起清淨的信心，證悟了實相智慧，這個功德是最希有的。

【信心清淨】

什麼叫清淨的信心呢？認為《金剛經》十分了不起，是佛陀宣講的非常殊勝的法，這就是清淨的信心。什麼是不清淨的信心呢？一邊認為《金剛經》很殊勝，一邊又懷疑有沒有這麼大的功德，這種信心被疑惑所染污，所以不清淨。

誰若對《金剛經》生起一種清淨信心，那他必定會生起實相的智慧——最了義、最究竟的證悟境界。因為彌勒菩薩說過：「勝義諦唯一通過信心而證悟。」《華嚴經》亦云：「信為道源功德母。」

在世間成辦大項目、大工程，人們常會認為很希有，其實這沒什麼；還有不少人認為，有神通很了不起，實際上外道、鬼神也有這些，這不是特別值得讚歎。只有像六祖一樣，依靠對《金剛經》的信心而證悟實相，才是世間上最最希有的功德！

不執著有，更不執著無

「世尊，是實相者，則是非相，是故如來說名實相。」

「世尊，所謂的實相，並不是真正的實相，所以如來稱之為實相。」

●

●

在藏文中，此句之前還有「何以故」。連接上文，這句是在解釋：為什麼生起實相是第一希有呢？因為「是實相者，則是非相」。

凡夫之所以無法解脫，是由於執著相狀，不是執「有」，就是執「無」，以至於被貪瞋癡一直束縛。而聖者並不會這樣，他的境界中無有任何執著，現見了遠離一切戲論的實相。

那怎麼樣才能達到實相的境界呢？《入行論．智慧品》中說：先要長時間觀修空性，斷除執諸法實有的習氣；然後進一步觀萬法無所有，斷除對空性的執著，最終達到「若實無實法，悉不住心前，彼時無餘相，無緣最寂滅」的離戲境界。

總之，在真實義中觀察，任何相狀都了不可得。佛陀在了義經典中也說，勝義中沒有真實之相，所謂的「相」，只是在虛幻的世俗法中暫時安立的，因為如來從來沒有說過一個成實之法。

一處黑暗時，另一處必定有光明

「世尊，我今得聞如是經典，信解受持不足為難，若當來世，後五百歲，其有眾生，得聞是經，信解受持，是人則為第一希有。」

須菩提說：「世尊，我現在聽聞、受持這部經典，並不是特別困難。最難得的是，將來末法五百年時，若有眾生聽到這部經，並能信解受持，這才是最為希有的。」

為什麼這樣講呢？因為佛陀在世時是果法期，佛法相當興盛，證果的現象非常多，常有眾生得阿羅漢果、菩薩果。所以，無論從當時的年代，還是眾生的根基來講，能聽到《金剛經》不是非常難得，也不是特別希有。（前面須菩提剛說，自己從得慧眼以來，從未聽過這麼殊勝的法，非常希有。現在他又想了一下：「這也不是特別希有，因為此時佛教很興盛，再加上我是解空第一，信解受持這樣的空性法門，也不算難事。」）

按照蓮花戒論師的解釋，聲聞證悟的空性範圍不是很大，只是一部分，所以須菩提說：「我聽聞經典而證悟的空性，境界不是很高，所以我與這樣的空性相遇，也不是非常希有。而將來的大菩薩，依靠《金剛經》證悟究竟空性，才是最希有難得的。」這也間接說明了聲聞證悟的空性範圍渺小，菩薩證悟的空性廣大無邊。

禪宗經常說「解悟」與「證悟」，須菩提相當於達到了解悟的程度，顯現上只是理解這種大乘空性，但還沒有真正現見，而將來的大乘菩薩卻會完全證悟。

【後五百歲】

這個概念前面已講過，漢地的說法與藏地比較相似。還有些人解釋為：佛在世時佛法非常興盛，佛涅槃五百年後佛法也興盛，過此之後即為末法。因此，「末法五百年」不是只有五百年，而是可以包括很多個五百年。

有些經典中說，佛法有興盛期和隱沒期，但了義的經典卻告訴我們：佛法永遠不會隱沒。如密宗《時輪金剛》中講：「所謂的末法，只不過是佛法在一處示現滅盡，但實際上，它又會興盛於另一處。就像陽光一樣，一處黑暗時，另一處必定有光明。」顯宗《不可思議經》也說：「佛陀無滅度，佛法恆住世。」因此，所謂的「末法五百年」，只是在有些眾生面前的顯現。

要知道，佛在世時聽聞到《金剛經》，並不是特別希奇，而當今時代五濁特別猖獗，我們有緣聽到這個法門，領悟空性不可思議的法味，真的是非常希有。龍猛菩薩也說：「知此諸法空性已，一切業果依緣起，希有又此極希有，希奇又此極希奇。」

有些人或許不以為然，他們覺得發大財、得高位、有名聲才是非常希有。其實，這都是小事，真正希有的是什麼？在如此惡劣的末法時期——佛已涅槃多年、行持佛法的人越來越少，我們依靠上師三寶的加持，聽到空性法門，體會到佛法不可思議的甘露勝味，獲得了解脫輪迴的空性智慧，這才是希有中的希有。

人為何始終擺脫不了煩惱

「何以故？此人無我相、人相、眾生相、壽者相。」

「為什麼說這種人希有呢？因為此人通過聞思修行獲得了正見，已經遠離了我相、人相、眾生相、壽者相。」

沒有一切相的話，當然是最高境界了。三界輪迴中的眾生，始終擺脫不了煩惱，原因就是執著這四種相，如果斷盡了這四種相，就會遠離一切痛苦。

所以，空性法門聽得越多、修得越多，獲得的利益就會越大。有些人當下即可斷除我執，有些儘管不能，我執也會日益減少，乃至滅盡，這就是世間上的第一希有。

正如前面所言，對自己的執著叫我相；對他人的執著叫人相，如「這是我們佛學院的人」「我們都是四川人」『人類應該怎麼生存」；對眾生的執著稱為眾生相，如「三千大千世界有多少眾生」；執著自他的壽命是壽者相，如很多人都特別怕死，開法會念長壽佛心咒時，大家特別認真，還沒到統計的日子，有些人已經念完十萬多了。

如果證悟了空性法門，這四相就沒有了，憨山大師在《金剛決疑》中解釋得非常好：「四相本是如如，了此即見法身矣。故曰：能離一切相，即名為佛。此真希有也。」

見相非相，即證悟了實相

「所以者何？我相即是非相，人相、眾生相、壽者相即是非相。」

「聽聞受持《金剛經》的人沒有四相，為什麼沒有四相呢？因為我相在實相中不存在，人相、眾生相、壽者相，在實相中也不存在。」

●

●

依靠抉擇人無我和法無我，真實的我相肯定不存在，如果沒有我相，其餘三相就無法安立。當然，這是一種勝義諦的觀察，在世俗諦面前，我相、人相、眾生相、壽者相都是可以假立的。

《楞伽經》中說：「諸法世俗生，生於無自性。」意思是，我們所見所聞的諸法，全部是世俗的成分，勝義中根本沒有這些相。

只要通過推理了知我相不存在，人相、眾生相也不會存在，因為如果見到了一個法的空性，那就是見到了一切法的空性。倘若沒有人相和眾生相，怎麼會有他的壽者相呢？因此，四相究竟而言是不存在的，這就是證悟了實相。

六祖說：「無此四相，是名實相，即是佛心（佛的智慧）。」六祖是大證悟者，他的語言雖然很少，卻有極大的加持和不共的教義。通過聽聞和修持這種般若法門，我們的心中也定會生起如是之相。

真正的佛是自己的心

「何以故？離一切諸相，則名諸佛。」

「為什麼諸法的實相是究竟的勝義諦呢？因為離開了一切諸相，就是真正的佛陀。」

一切諸法的本性遠離四相，而遠離了四相就是佛陀。當然，在眾生的迷亂顯現前，釋迦牟尼佛有相有色，上師也是有相有色。

現在很多人到處找上師，但真正的上師應該是自己的心，執著相狀不一定能證悟，遠離一切有無戲論的相，才是真正的佛。世親論師也說：「如來離諸相，我等學如是。」

關於此理，漢地禪宗有一則公案：某寺院裡有一個小和尚，他跑到大殿裡對著佛像小便。老和尚見後呵斥道：「世界這麼大，你為什麼非要對著佛像小便？」小和尚回答：「十方三世、東南西北、上下左右都有佛，而且一塵剎有塵數佛，你說我應該對著哪裡？」老和尚頓時為之語塞。

藏地根登群佩大師在拉薩時，有一次遇到幾位黃教的格西找他辯論，他看到他們時，故意把佛像拿到前面，用煙袋鍋在上面敲。格西們見後特別不高興，說：「你對佛陀如此不敬，連皈依戒都沒有了。」根登群佩大師反駁：「一切萬法皆無相，佛陀又在哪裡……」

由此雙方展開激烈的辯論，後來黃教格西失敗了。事後他們在拉薩的街上說：「我們學了二十多年的辯論，竟然敗在那個寧瑪巴老人的手下，不但承認在佛像上敲煙袋鍋沒有過失，而且不得不承認此舉有功德！」

可見，實相中並不存在一個實有的相。《中論》也說，如來超越了一切戲論，但愚癡的凡夫卻往往執相不捨。其實，真正的實相就是心的本性，心的本性遠離一切戲論，這就是佛陀的密意。

表面上，上師在眾生面前是世俗之相，但上師實則是自己的心。佛也是同樣，真正的佛就是自己的心，心又離一切戲論，離一切戲論就是法性，什麼時候證悟了這種境界，即是真正見到了佛！

有緣接觸空性法門，非常有福報

佛告須菩提：「如是，如是。若復有人，得聞是經，不驚、不怖、不畏，當知是人，甚為希有。」

須菩提對佛陀陳述了以上道理之後，佛很高興地讚歎：「你說得對，一點也不錯。如果這個世界上有人聽到《金剛經》後，不驚訝、不恐怖、不畏懼，那是非常希有的。」

佛陀非常滿意須菩提證悟的甚深空性，並授記在將來末法五百年時，有些人前世因緣具足，在大乘善知識面前聞受般若空性，聽到人無我的法門時「不驚」，聽到法無我時「不怖」，聽到人法二無我時「不畏」，這樣的人確實非常希有。

據蓮花戒論師的觀點，「不驚」指聽聞方面，「不怖」指思維方面，「不畏」指修持方面。這些人肯定在無量佛前積累過資糧，今生善緣善根成熟，才有如此殊勝的因緣。

具有大乘根基的人，聽到了空性法門後不害怕。當然，這裡的「害怕」，並不是怕魔鬼或怕壞人，而是對大乘空性無法接受，認為不應理。

以前我去泰國時，一次演講之前，一位法師好心提醒我，最好不要講中觀或空性方面的法，不然，下面的人聽了可能會有一些看法。所以，我在演講時特別注意，一提到空性就馬上「保密」。但後來他們還是提了一些這方面的問題，我也不得不回答。從當時那位法師的話語中，可以推測出有些人對小乘空性有很大的執著（泰國一部分是學大乘，一部分是學小乘）。

一般來講，有智慧的人對空性不會恐怖，從沒有接觸過空性的人也不會恐怖，只有中間那部分人會恐怖。如《四百論》云：「不知無怖畏，遍知亦復然，定由少分知，而生於怖畏。」

以前有兩位持戒清淨的修行人，去拜訪阿底峽尊者。尊者首先為他們傳授了小乘人無我的法門，他們聽後喜不自勝。然後尊者又為他們宣講大乘般若法門，他們聽後驚恐萬分，請尊者切莫如此宣講。當二人聽到尊者誦讀《心經》時，忍無可忍，捂住耳朵奪路而逃。因此，對大乘空性法門不生恐怖的人非常難得。

如今的社會上，各種邪說相當興盛，大家有緣接觸聽聞到空性法門，是非常有福報的。為令此正見在心中穩固，我們平時應該多看一些中觀空性方面的書。否則，空性智慧在凡夫的心中非常微薄，偶爾生起一兩次，幾個月不串習、不思維的話，這點正念很快就會被分別念遮蔽，逐漸「消於法界」了。

佛經的內容就像我們平時聊天一樣

「何以故？須菩提，如來說第一波羅蜜，即非第一波羅蜜，是名第一波羅蜜。」

無論是什麼人，若能真正接受空性，這是相當希有的。為什麼空性如此殊勝呢？

佛告訴須菩提：「如來說的第一波羅蜜，並非第一波羅蜜，只是名稱上叫第一波羅蜜。」

在這個世間上，不管是六波羅蜜還是十波羅蜜，最殊勝的就是非波羅蜜，因為它沒法以言語、思維來表示，不是一般的世俗法，而是遠離一切戲論的勝義智慧。所以，佛陀說這是第一波羅蜜。

在詞句上，義淨、玄奘的譯本與藏文比較相似。這些譯本中都說：「般若波羅蜜，不僅僅我（釋迦牟尼佛）說非常殊勝，無量諸佛早就共同承許，這是最殊勝的波羅蜜。」

為什麼呢？因為它是一切諸佛的密意。《入行論》中云：「此等一切支，佛為智慧說。」布施、持戒等五度，全部是佛陀為了智慧度而廣說的。智慧度相當重要，它是一切萬法的究竟，儘管在勝義中非波羅蜜，但在名言中，諸佛菩薩說智慧度是所有波羅蜜中最殊勝、最為第一的。

前面也講過，佛經不像論典那樣層次分明。比如，在論典《入中論》中，首先講一地菩薩的境界，接著講二地菩薩的境界……條理井然有序、非常清楚。但佛經就不一樣了，裡面的內容就像我們平時聊天一樣，想到什麼就說什麼，正在講布施度時，突然會出現安忍波羅蜜；講安忍度時，又會講到布施波羅蜜。大家應該注意這一點。

下面講安忍波羅蜜。

什麼是「忍」的最高境界

「須菩提，忍辱波羅蜜，如來說非忍辱波羅蜜。」

佛告訴須菩提：「如來在諸多佛經中說，忍辱波羅蜜，並非實有的忍辱波羅蜜。」

● ●

翻開《白蓮花論》，佛在因地修道的過程中，歷經了無數次修安忍的苦行，但以勝義智慧來觀察，沒有能安忍的人，也沒有所安忍的對境，更沒有安忍的方法。

當然，在眾生的迷亂顯現前，佛陀將身上的肉割下來，布施給眾生，可以說是一種安忍，在名言中可以承認。但在勝義中卻沒有安忍，這是最殊勝的安忍之法。

作為一個學菩薩行的人，應當通達三輪體空的本義，只有通達了空性，才能忍受一切痛苦。否則，座位被搶了、房子被占了，就生嗔恨心，這說明你沒有觀空性，還沒有達到安忍波羅蜜的境界。

想一想佛陀在因地是怎樣修安忍的？看一看我們，動不動就對別人不滿，常為了區區小事就大打出手。還有些人認為自己的境界很不錯，平時總喜歡誇誇其談，可一旦遇到小小的違緣，或者和別人發生矛盾，嗔恨心就非常厲害，所謂的「證悟境界」便顯露無遺了。

在藏地，有一種紅色的蟲子，小孩子喜歡故意去惹牠，將牠放在太陽下滾來滾去，牠特別生氣，一會兒就氣得爆炸了。生活裡，有些人會不會也是這樣？稍微惹他一下，就把自己氣炸了。

佛曾經怎樣修忍

「何以故？須菩提，如我昔為歌利王割截身體，我於爾時，無我相，無人相，無眾生相，無壽者相。」

勝義中根本沒有四相，為什麼呢？佛以親身經歷告訴須菩提：「往昔我是忍辱仙人時，歌利王割截我的身體，我當時並沒有我相、人相、眾生相、壽者相。」

● ●

佛陀在昔日是忍辱仙人時，有個國王叫歌利，暴虐無道。一日，他和王妃等眷屬去森林中打獵。休息時，他在花園裡小憩，王妃們就到森林深處去採花。無意間，她們發現一位仙人正在坐禪，便對仙人生起信心，於是圍坐在他面前求法。當時，仙人覺得王妃們很可憐，為了斷除其貪欲，就對她們宣講佛法。

國王醒來後不見王妃，便四處尋找，發現她們都圍在仙人身邊。他非常生氣，厲聲道：「你是何人？」

仙人平靜回答：「我乃忍辱仙人。」

「為什麼和我的王妃在一起？」

仙人說：「我心清淨，無有垢染。」

國王又問：「你若沒有垢染，那是不是已得阿羅漢果？」

「沒有。」

「你是否得了阿那含果？斯陀含果？須陀洹果？」

仙人謙虛地說：「都沒有。」

國王怒道：「既未得聖果，誰相信你們之間清清白白？說，你在這裡到底有何企圖？」

尊者誠實答言：「我於此欲修安忍。」

國王立刻拔出寶劍，吼道：「那我倒要看看你能不能忍。」說完，用利劍把他的手、腳等一一割下。在此過程中，仙人沒有對國王生一剎那的嗔心。

看到惡王的暴行，天人非常不滿，從天上降下沙雨。國王見後害怕極了，馬上跪在仙人面前懺悔，只見仙人以悲心發願道：「我將來成佛時，先來度化你。」

後來，天人問忍辱仙人是否後悔，仙人說一點也不，並以諦實語令身體恢復如初。

釋迦牟尼佛成道後，有五位比丘最先得度，其中的憍陳如尊者，前世就是歌利王。

有大智慧，才不生瞋恨心

下面講為什麼沒有執著之理。

「何以故？我於往昔節節支解時，若有我相、人相、眾生相、壽者相，應生瞋恨。」

佛說：「假如我往昔沒有證悟空性，歌利王用寶劍割我的身體時，定會有我相、人相、眾生相、壽者相，有了這四相，必對歌利王生起極大的瞋恨心。正因為我沒有生瞋恨心，可知我當時已經通達了安忍波羅蜜。」

《釋量論》中講過：有了對「我」的執著，定會產生對他人的執著；有了執著自他的心，自然就會生起貪瞋，產生一切煩惱等種種過患。

佛在當忍辱仙人時，若有四相的執著，肯定會對歌利王生瞋心。但他並未如此，由此可見，他的心中存在空性智慧。

所以，聞思空性法門非常重要。沒有空性攝持的話，凡夫的貪瞋等煩惱壓也壓不住、躲也躲不掉，生起來時非常難受。而一旦有了空性的甘露，煩惱一下就無影無蹤了。

安忍不要「口惠而實不至」

「須菩提，又念過去於五百世作忍辱仙人，於爾所世，無我相、無人相、無眾生相、無壽者相。」

佛告訴須菩提：「我想起過去自己做過五百世的忍辱仙人，那時候，我沒有我相、人相、眾生相、壽者相。」

● ●

以前，法王如意寶講過佛陀的廣傳——《白蓮花論》。每次講到佛陀因地時修安忍——對怨敵的安忍、修法的安忍、捨棄身體生命的安忍，經常在課堂上老淚縱橫、泣不成聲。可惜的是，當時沒有條件同步翻譯，有時候上師哭了很長時間，漢族僧人也不知道為什麼，只有第二天早上我翻譯了，大家才知道上師哭的原因。

佛陀在因地時當過很多世的仙人，仙人的名字都叫忍辱，每一世都沒有我相、人相、眾生相、壽者相，這是對前面問題的進一步說明。

那麼，歌利王的公案與此處忍辱仙人的公案是不是一個呢？漢地有些法師認為是一個。但如果分開的話，歌利王時代的忍辱仙人與具諍國王時代的忍辱仙人，也可以說是不同的公案，只不過故事情節大致相同而已。

《賢愚經》中記載：印度鹿野苑有位具諍國王，性情野蠻粗暴。一次他帶王妃、僕女一起去打獵，因感疲倦就到林中休息，王妃們繼續遊玩。在一個寂靜的花叢中，她們看到一位仙人，生起了很大的信心，供養仙人鮮花、水果，在他面前恭敬祈禱，仙人也給她們傳授了殊勝的妙法。

國王醒來後，不見王妃與眷屬，即刻生起嗔恨心，開始持劍四處找尋，最終在林中見她們和一個男人在一起。

他面露凶色地問仙人：「在此無人之處，你單獨與女人說話是什麼道理？」

仙人回答：「我在為她們傳授解脫的甘露妙法，未做任何非理之事。」

國王蔑視地說：「你是否已得四無色及四禪定諸境界？」

「沒有。」

「既然沒有這些境界，憑什麼敢與女人在一起？你到底有什麼境界？」

「我有不害眾生的安忍境界。」

「你真能安忍嗎？」

「能。」

國王揮劍砍下仙人的兩隻手，問：「你現在還能不能忍？」

仙人答：「能。」

國王又割下仙人的腳、耳朵、鼻子，仙人皆安然受之。

這時，仙人的五百眷屬以神通從空中飛來，天人也降下冰雹災害懲罰國王。見此，國王生起極大的恐怖與後悔，馬上在仙人面前作懺悔。

眷屬們問仙人有無後悔之心，他說：「我沒有絲毫後悔，若我所言真實，願我身體恢復如初，否則不要恢復。」言畢，以諦實語的加持力，仙人的身體果然恢復如前。

同時，他又發願道：「今天國王用寶劍割我的身體，願我成佛之後，用智慧的寶劍，斬斷他的無明煩惱。」當時的具諍國王，即為後來之憍陳如尊者。

在這裡，鳩摩羅什翻譯的是「又念過去」，「又」字也說明了兩個公案是不同的。但這個問題，在漢地的部分講義中，分析得不是很明顯。

現在講《金剛經》的人不少，但真正講明白的，似乎不是特別多，甚至有些人宣說的內容，好像和原文沒什麼關係。相比之下，過去的大成就者，如六祖、憨山大師，雖然在文字上表達得不多，也沒有廣泛引用其他內容，但用一兩句話，就能如實道出《金剛經》的本義。

釋迦牟尼佛過去做了五百世的忍辱仙人，每一世都沒有我相、人相、眾生相、壽者相。這四相，從不同的角度，實際上可以有不同的分析。比如說，一地菩薩是布施度圓滿，講布施度時，要從布施的角度說怎樣遠離四相；三地菩薩是安忍度圓滿，講安忍度時，要從安忍的角度說怎樣遠離四相。詳細解釋的話，每一個有不同的解釋方法，但在這裡不廣說。

總之，佛陀是忍辱仙人時，就早已遠離四相了，要不然，一定會生嗔恨心的。

往昔佛陀修安忍時，別人用刀割他的身體，他都不生嗔恨心，我們學佛陀教法的人，也應該像佛陀一樣，正如《入行論》所說：「往昔如來如何發心，我也如是發心。」但這一點能不能做到呢？很多人不要說用刀子割他身體，就算稍微碰了一下，他也立即暴跳如雷、破口大罵，儘管每天的發心偈念得好聽，但往往是「口惠而實不至」。

遇到違緣時，還是盡量修一點安忍

「是故，須菩提，菩薩應離一切相，發阿耨多羅三藐三菩提心，不應住色生心，不應住聲、香、味、觸、法生心，應生無所住心。若心有住，則為非住。」

佛告訴須菩提：「作為一個菩薩，應當遠離一切相，發無上正等正覺的菩提心。不應住色生心，不應住聲、香、味、觸、法生心，應當產生一個無有所住的心。若心有住，則非真正的所住。」

「住」可以解釋為執著。凡夫對任何法都有執著，但如果通達了空性，對有實法、無實法便不會有所住了。

沒有學過中觀的人，覺得這裡有點難懂，但學過中觀，就不存在這種問題了。此處佛陀把勝義菩提心與世俗菩提心結合起來，告訴我們：在不離世俗菩提心的基礎上，應發起勝義菩提心。這種勝義菩提心是無上正等覺之心，它遠離一切相，既不住於色，也不住於聲、香、味、觸、法。若有一點所住，則不是真正的發心。

佛陀依靠如是殊勝之心得以成就，我們作為隨學者，也應發起這種心，即名言中利益無邊眾生，眾生怎麼損害自己，也不產生瞋恨心；勝義中三輪體空，不住於任何一個法，「應生無所住心」。這樣的菩提心不為物轉，唯一相應於萬法實相，與如來的境界等同，誠如《楞嚴經》所說：「若能轉物，即同如來。」

歸納而言，佛陀為了利益無邊無際的眾生，世俗中修過安忍波羅蜜，勝義中處於無所住的智慧境界，我們後學者也應如是效仿。以前，法王如意寶在四眾弟子面前發願：「縱然有人以各種手段加害我，我永遠也不害任何眾生！」這是修行人最究竟的誓言。我在《悲慘世界》的結文中也說：「願我生生世世中，寧可轉生為乞丐，也切莫成為屠夫等危害有情生命者。」

不要變成損害眾生的人，這一點對修行人來說至關重要！如果我們天天口頭上說「往昔佛陀怎麼發心，我也怎麼發心」，心裡卻常常恨這個、怨那個，這種發心又有什麼用？

當然，最究竟來說，我們應當發起無上的勝義菩提心，不執著任何相，了知一切皆如夢如幻。唐朝法融禪師說：「恰恰用心時，恰恰無心用。」正在專注的時候，沒有什麼可專注的，同樣，正在發菩提心的時候，也沒什麼可執著的，應該生起這樣的智慧。

通達甚深空性，既是安忍，也是布施

「是故，佛說菩薩心不應住色布施。」

「所以，諸佛在般若經中說：菩薩心不應住色布施。」

在這裡，釋迦牟尼佛引用教證來說明這個問題——菩薩真正的布施，不會對色法起執著，是三輪體空的圓滿布施。

「須菩提，菩薩為利益一切眾生，應如是布施。」

「須菩提，菩薩為了利益一切眾生，也應以三輪體空的方式進行布施。」

不管是布施還是安忍，菩薩都應安住於三輪體空的境界。但在名言中，為了利益三千大千世界的眾生，菩薩還是要作財布施、法布施、無畏布施。

當然，「無畏布施」包括對甚深空性的安忍，否則，不仔細觀察的話，有人就會認為：「前面正在講安忍，突然又講起布施來，這是怎麼回事？」也許會有這樣的疑問。

「如來說一切諸相，即是非相。」

「如來說，世上一切相，都不是真實的相。」

● ●

六度中無論是安忍的相，還是布施的相，名言中可以有如幻如夢的顯現，但以勝義智慧來觀察，這些都不是真實的相。

「又說一切眾生，即非眾生。」

「如來又說，世上一切眾生，都不是真實的眾生。」

在沒有觀察時，茫茫輪迴苦海中有無量眾生，但如果真正去觀察，一切眾生並不是眾生，眾生的本性與佛無二無別。

《入行論》也說：「眾生如夢幻，究時同芭蕉。涅槃不涅槃，其性悉無別。」意思是，世間上的一切眾生，以勝義理來觀察，本體不生不滅，一切了不可得，猶如芭蕉樹般無實。既然如此，那眾生無論涅槃或不涅槃，其本性皆無有任何差別。

佛陀的說話之道

「須菩提，如來是真語者、實語者、如語者、不誑語者、不異語者。」

「須菩提，如來是真語者、實語者、如語者、不誑語者、不異語者，故語言絕對可信。」

勝義中一切法皆不存在，無有絲毫實質，而在名言中，卻有如幻如夢的顯現，這種說法合不合理呢？對此疑問，佛告訴須菩提：如來不像凡夫一樣，他的語言絕對可信，這一點有充足的證據。

如來的真實語，在《釋量論》第三品中講得比較廣，論云：「無因不說妄。」佛之所以不說妄語，因為他已斷除了妄語的因——貪嗔癡等一切煩惱。

【真語者】

按世親論師的觀點，指名言中佛所說的法真實不虛。譬如因果輪迴、須彌山的高度、千差萬別的世界、人的生老病死、地獄的寒熱痛苦等，凡夫人無法準確知曉，最多只是一種推測，但佛卻能現量照見，並如理宣說。

【實語者】

這是從勝義角度來講的，在法界實相中，從色法乃至一切智智之間的萬事萬物，如來全部抉擇為空性，沒有一個不空之法，這就是實語。

【如語者】

如來在第三轉法輪中抉擇，儘管萬法本體是空性，但如來藏並非不存在。光明與空性恆常不離的如來藏，每個眾生都有，這種現空無二的真理非常可靠，故從真如方面而言叫如語者。

【不誑語者】

釋迦牟尼佛為引導眾生而宣說種種法門，每一種語言都有不同的密意，從成佛至涅槃之間，從來沒有一句欺騙的話語。凡夫經常喜歡打妄語，這對別人不利，對自己也不利，而佛陀所說的句句屬實，暫時或究竟都在利益眾生。

【不異語者】

佛陀轉法輪時說的同一句話，餓鬼聽到是餓鬼的語言，人類聽到是人類的語言，其本性就是為了眾生解脫，暫時令其獲得善趣安樂，究竟種下善根而成就佛果。因此，佛陀的語言是最究竟的。

我們平時認為某人很老實，不會說謊，但他畢竟沒有斷除妄語的因，為了某種目的，仍可能說一些妄語。然而，佛陀與之完全不同，他已徹見了一切實相，斷除了語言障礙，所說的話語究竟圓滿。

當然，由於眾生的根基不同，佛的說話方式肯定不同，但這並不代表佛在說妄語。比如，一個人針對大學生、中學生、小學生，編了不同的教材，每種教材的表達方法不同，但對相應的學生都會有利。同樣，佛陀在第一、第二、第三轉法輪中講的法肯定不同，但這並不是欺騙眾生，只是在次第引導，其目的都是為了接引眾生趨入解脫。

「有」「無」是一種矛盾嗎

「須菩提，如來所得法，此法無實無虛。」

「須菩提，如來所得之法，既不是有，也不是無。」

乍一看來，這裡似乎有點矛盾，因為按照平常人的思維，不是有，就應該是無；不是無，就應該是有。其實不是這麼簡單，證悟一切萬法的本性後，才知道那種境界多麼不可思議。

「如來所得之法」有多種解釋方法，從一方面而言，如來在因地時捨棄過很多次頭目腦髓，經歷了難以忍受的苦行，最後獲得了甘露妙法，這就是如來所得之法。

這種甘露妙法是諸法的本性，也是一切法的實相，但它不是實有的東西，用勝義理論觀察時，並沒有所得之法，因此「此法無實」。不過，它也不是完全沒有，因為在眾生的迷亂顯現面前，因果不虛、輪迴痛苦、人身難得等都真實存在。

佛陀所說的萬法無實無虛，其中有甚深的意義：在名言中，如幻如夢的顯現真實不虛，能取所取沒有消於法界之前，這些都是存在的，但在勝義中，實質性的東西絲毫也沒有。《四百論》也說：「以世間少有，於勝義都無。」

因此，從世間角度來說，一切都是「無虛」，但以出世間智慧來衡量，一切都是「無實」。

「須菩提，若菩薩心住於法而行布施，如人入暗，則無所見。若菩薩心不住法而行布施，如人有目，日光明照，見種種色。」

「須菩提，假如菩薩的心執著於法而行持布施，就像在黑暗中行路一樣，什麼也看不到。如果菩薩不住任何法相而作布施，如同有眼睛的人在白天看色法般一清二楚。」

有智慧的菩薩以三輪體空的境界來行布施，這種布施是最圓滿的。無論五度中的哪一度，都要以智慧度來攝持，否則，就像盲人在黑暗中摸索一樣，無法得到究竟實義。《大智度論》云：「五波羅蜜如盲，般若波羅蜜如眼。」《入中論》言：「如有目者能引導，無量盲人到止境，如是智慧能攝取，無眼功德趣聖果。」永嘉大師也說：「住相布施生天福，猶如仰箭射虛空，勢力盡，箭還墜，招得來生不如意。」

《金剛經》主要抉擇的是般若之功德。究竟來說，暫時的布施等五度，就像盲人行路一樣，最後一定要靠智慧度，才能到達解脫的彼岸。

在有生之年，請每天念一遍《金剛經》

「須菩提，當來之世，若有善男子、善女人，能於此經受持讀誦，則為如來以佛智慧，悉知是人，悉見是人，皆得成就無量無邊功德。」

「須菩提，未來若有善男子、善女人，對《金剛經》生起信心，受持讀誦。以如來的智慧完全能夠了知、照見，此人將來定可成就無量無邊的功德。」

根據《俱舍論》的觀點，佛陀不同於聲聞、獨覺，佛能於一剎那間不混雜地照見整個三千大千世界，並以神通把未來千百萬劫的一切看得清清楚楚。由此可見，我們現在正在講聞《金剛經》，未來將獲得不可思議的功德，這一點佛陀早就一清二楚。

有些人因為智慧有限，平時沒有能力聞思修行，但每天誦一遍《金剛經》，功德也非常大。米滂仁波切說：「自己若沒有聞思修行的能力，最好念誦真實的金剛語。」而且，諷誦經典是「十法行」（書寫、供養、施他、諦聽、披讀、受持、開演、諷誦、思維、修習）之一，行持十法行中的任何一種，都能獲得無量福聚，乃至書寫、聽聞一偈，功德也超越一切世間善根。如果真能發願在有生之年每天念一遍《金剛經》，我們得這個人身，也有很大的意義。

當然，發下誓言後，大家務必要堅守誓言，無論遇到任何情況都不能放棄。《高僧傳》中有一位唐朝的惟恭法師，他每天念誦《金剛經》五十遍，三十多年從未間斷。後來臨終時，無有任何障礙而往生淨土。

一天五十遍《金剛經》——這麼高的要求，對我們來說可能有點困難。但一天一遍，應該沒有多大問題！

第十五品 持經功德

對《金剛經》生信，比布施身體的功德還大

下面，佛陀以比喻說明持誦《金剛經》的無量功德。

「須菩提，若有善男子、善女人，初日分以恆河沙等身布施，中日分復以恆河沙等身布施，後日分亦以恆河沙等身布施，如是無量百千萬億劫，以身布施。若復有人，聞此經典，信心不逆，其福勝彼，何況書寫、受持、讀誦、為人解說。」

「在這個世界上，若有善男子、善女人，上午以恆河沙等身體作布施，中午同樣以恆河沙等身體作布施，下午仍以恆河沙等身體作布施，如此布施身體不僅僅是一天，而是無量百千萬億劫，其功德肯定非常大。但若有人聽到《金剛經》後信心不退，功德已經超過了前者，何況是書寫、受持、讀誦、為人解說，功德就更無法衡量了。」

前面的布施財物，與此處的布施身體相比，功德相差成千上萬倍。《大圓滿前行》中講過，布施身體是登地菩薩的境界，凡夫人不能直接行持，故其功德非常殊勝。且不說無數次布施身體，就算只有一兩次，功德也是不可思議。但與法布施比起來，無數次施身的功德，還不及對空性法門生起一念信心的功德大。

聽聞本經生起不退信心，功德尚且如是殊勝，那書寫、受持、讀誦、為人講解，就更不用說了。書寫、受持等這些行為屬於法布施，《優婆塞戒經》云：「若以紙墨令人書寫，若自書寫如來正典，然後施人令得讀誦，是名法施。」古代手抄經書的比較多，現在印刷業非常發達，不需要用手抄，印刷經典或結緣法本也是真正的法布施。

在一切布施中，法布施的功德最為殊勝，因此，書寫、讀誦、為人解說《金剛經》的功德不可思議。若依此行持，我們不管遇到任何苦難，都能予以化解並遣除。甚至以前有個獵人，他只念過一遍本品的經文，墮入地獄後即免除重罪，只感受了一分痛苦。

唯有發了大乘菩提心的人，才是本經所化對象

「須菩提，以要言之，是經有不可思議、不可稱量、無邊功德。」

「須菩提，總而言之，《金剛經》有不可思議、不可稱量、無邊無際的功德。」

將上述內容歸納起來，佛陀對須菩提宣說的《金剛經》，其功德是凡夫人以分別念無法思維、以語言無法表達的，即便是阿羅漢的智慧，也難以測度。

「如來為發大乘者說，為發最上乘者說。若有人能受持讀誦，廣為人說，如來悉知是人，悉見是人，皆得成就不可量、不可稱、無有邊、不可思議功德。如是人等，則為荷擔如來阿耨多羅三藐三菩提。」

「這部《金剛經》，是如來為已發大乘菩提心、行持最勝大乘道者而說的。若有人能受持讀誦，廣泛地為他人宣說，如來以盡所有智和如所有智完全了知、徹見，

此人必將獲得不可思議、不可稱量的功德，可以成就無上正等正覺的佛果。」

《金剛經》主要講的是空性，是諸佛菩薩的出生之處，一般的眾生無法接受。因此，如來首先要觀察法器，唯有發了大乘菩提心的人，才是本經的所化對象。比如須菩提，很多經典中說，他顯現上是小乘羅漢，實則為大乘根基。所以，如來是為大乘者宣說《金剛經》的。

那麼，受持、讀誦並為他人廣說《金剛經》，為什麼有如此大的功德呢？原因是佛陀的加持力不可思議，佛法的殊勝性不可思議。《隨念三寶經儀軌》云：「如來功德不可思，佛法功德不可思，僧伽功德不可思，若信不可思對境，則生不可思果報。」

以前世親菩薩念《般若經》時，屋頂常有一隻鴿子在聽。以此聞法功德，鴿子死後轉生為人，後出家成為大法師，即安慧論師。

另據《五臺山志》記載，唐朝有個僧人叫慧潛，他為了山上能流出泉水，念了整整一萬天的《金剛經》。後來果真出現了一口泉，只要誰飲用泉水或在此沐浴，就能開啟智慧。這口泉即現在五臺山的「般若泉」。上師如意寶朝拜五臺山時，也曾喝過那裡的泉水。

哪些人享受不了《金剛經》

受持讀誦《金剛經》者，必將得到無量無邊的功德，成就無上佛果。這是什麼原因呢？

「何以故？須菩提，若樂小法者，著我見、人見、眾生見、壽者見，則於此經不能聽受讀誦、為人解說。」

「為什麼呢？須菩提，因為《金剛經》所講的內容相當甚深，小乘、外道或者沒有學過宗派的平凡人，不可能接受、聽聞、受持、為人解說。」

此譯本的順序跟藏文有點不同，藏文是：「何以故？樂小法者於此經不能聽受讀誦、為人解說，因為執著我見、人見、眾生見、壽者見之故。」

【樂小法者】

與大乘相比起來，「小法」是指世間法、小乘法及希求自己解脫的法門。喜歡小法的人，執著我見、人見、眾生見、壽者見，對於這部《金剛經》，首先不能聽受，中間不能讀誦，最後更不會為他人宣說。

要知道，執著相狀之人，並不是般若法門的法器。《般若經》也說：「凡執實相者，皆無三菩提之解脫。」為什麼呢？因為這些人善根比較淺薄，再加上周圍有許多惡友，故對深廣法門不起信心。如《經莊嚴論》云：「由小信界伴，不解深大法。」所以，佛陀在「樂小法者」面前並沒有宣說《金剛經》，因為就是對他們宣說，他們也不會接受。

有些大德說，這裡講了聞受《金剛經》的法器要排除「樂小法者」，間接也說明了般若法門的所化對象要求比較高。否則，若對善根不成熟的人傳講，因為他們的心沒有準備好，很容易會成為毀謗之因。

因此，大家在弘揚佛法時，也應觀察所化根基而授予相應法門。

《金剛經》也是佛塔

「須菩提，在在處處，若有此經，一切世間天、人、阿修羅所應供養，當知此處，則為是塔，皆應恭敬，作禮圍繞，以諸華香而散其處。」

「須菩提，不管在任何地方，若有《金剛經》，一切天、人、阿修羅都應該供養，當知此經所在之處，即為佛塔所在之處，眾生皆應恭敬、頂禮、轉繞，並散各種鮮花作為供養。」

佛陀涅槃之後，佛教中總共有八大佛塔，佛塔之所在，人們皆應頂禮，如《入行論》云：「敬禮佛靈塔，菩提心根本。」而持誦修持《般若經》的人，按照前輩大德所說：他腳踩過的灰塵，也是帝釋、梵天恭敬頂禮的對境。

關於「當知此處，則為是塔」，有這樣一則公案：明朝弘治年間，承天寺的真如佛塔瀕臨倒塌，後來有位慧林和尚，經過二十年化緣，將佛塔重新修復起來。修塔的緣起是怎麼樣的呢？

有一次，慧林在苦修時，突然來了兩個鬼卒，用長索套住他的脖子，要帶他去陰曹地府。慧林乞求寬限七天，等做完了焰口佛事再去，鬼卒便同意了。

之後，他集中弟子問：「閻王讓我七天後離開人間，這該怎麼辦？」一位弟子說：「離此一天船程的蘇州承天寺中，有位禪師專修《金剛經》，威力無比，您可以向他求助。」

於是慧林趕緊去拜見禪師，禪師說：「你若答應修復寺中將倒塌的佛塔，我有辦法令你七天後免於死亡。」慧林連聲許諾。

之後，禪師令他七天中住於禪房不斷誦《金剛經》，念一遍經文，就說一遍「當知此處，則為是塔」。慧林和尚依教奉行，晝夜精進誦經，不眠不休。

七天過後，兩個鬼卒來了，問慧林和尚在哪裡，禪師說：「就在我的房間裡。」鬼卒一起進去後，只見到一座光芒萬丈的大佛塔，並沒有看見慧林和尚。

因無法交差，他們便去問禪師：「我們與慧林約好了今天帶他走，但現在根本看不到他，怎麼辦呢？」禪師回答：「般若所發的威光無法靠近，你們還是放棄吧。」二鬼聽後只好悻悻離去。

事後，禪師對慧林說：「我已救了你一命，你也應兌現諾言，好好化緣修佛塔。」慧林由於被鬼套上了長索，沒辦法解開，只好天天拖著去化緣。二十年後，終於修成一座極其莊嚴的佛塔。

可見，《金剛經》的功德非常殊勝。有些人就算沒時間念，隨身戴著也是很好的。通過這次學習，我對《金剛經》生起了很大的信心，想以後不管去哪裡，都要帶著一小本《金剛經》，和《繫解脫》放在一起。有了《金剛經》，一方面邪魔非人不能損害，另一方面，別人對你恭敬頂禮，也不會折損福報，因為你已經有佛塔了。

第十六品

能淨業障

每一種違緣實際上是順緣

「復次，須菩提，善男子、善女人，受持讀誦此經，若為人輕賤，是人先世罪業，應墮惡道，以今世人輕賤故，先世罪業則為消滅，當得阿耨多羅三藐三菩提。」

佛陀告訴須菩提：「善男子、善女人，在受持、讀誦《金剛經》的過程中，若遭人輕毀、損害，這是因為他以前所造的惡業，本應墮入惡趣，但通過受持《金剛經》的功德，今生中只需感受這些輕微痛苦，便能使罪業得以清淨，很快獲得無上正等正覺的果位。」

●　●

【受持讀誦】

在玄奘譯本和藏文中，這裡是「受持、讀誦、究竟通利，及廣為他宣說開示、如理作意」，但鳩摩羅什的譯本中只有「受持」和「讀誦」。

此處鳩摩羅什的翻譯，與義淨的譯本相同。玄奘則譯為：「若遭輕毀、極遭輕毀，所以者何？

善現，是諸有情宿生所造諸不淨業應感惡趣，以現法中遭輕毀故，宿生所造諸不淨業皆悉消盡，當得無上正等菩提。」

很多人在念《金剛經》的過程中，經常會遇到一些違緣，比如受人欺負、與別人不合、修法出現障礙等，這些表面上看都是違緣，但實際上是一種順緣，是別人在幫自己消業障，以此早日圓滿佛果。

平時總聽人抱怨：「我學了這麼多年的佛，但生活中違緣越來越多，是不是佛沒有加持力？」實際上並不是。《金剛經》在這裡告訴你了：本來你來世會墮入惡趣受苦，但通過持經的功德，可消除一切罪障。《解脫經》中也說：「縱使有墮入惡趣的罪業，僅僅依靠頭痛，也能得以清淨。」

現在有些剛學佛的人，認為有違緣不吉祥，自己很不願接受，卻不知這是淨除業障的一種驗相。

宋朝仁宗皇帝在拜讀《法華經》時說：「喉中甘露涓涓潤，口內醍醐滴滴涼，造罪假饒山岳重，只消妙法兩三行。」受持《金剛經》也是如此，本來造了如山般的滔天罪業，但依靠讀誦《金剛經》就能全部清淨，因為它是一切諸佛菩薩的智慧結晶，若依此經通達了業障本性，什麼罪業都能清淨無餘。永嘉大師也說過：「了即業障本來空，未了應須還夙債。」

因此，修行時如果遇到違緣，不要老想著這對自己不利，應該觀想它是在遣除來世的痛苦，倘若即生中沒有遭受這些，今後可能會感受更大的苦楚。

多芒寺有位拉雪堪布，他每次聽到高僧大德生病了、事業出現違緣了，就會引用這個教證說：「大德們出現違緣，是將來解脫的一種標誌。」

所以，我們發了大乘心的人，遇到違緣不要太在意。來世地獄餓鬼的劇烈痛苦，在今生受一點小苦就報完了，這是多麼好的事！

生生世世永不離佛

「須菩提，我念過去無量阿僧祇劫，於燃燈佛前，得值八百四千萬億那由他諸佛，悉皆供養承事，無空過者。」

「須菩提，我回憶過去的無量劫，在值遇燃燈佛之前，已遇過八百四千萬億那由他如來，在他們面前供養承事、依教奉行，從沒有違背過如來教言（「無空過者」，唐譯和藏文中都是這樣解釋），這種功德是無法想像的。」

關於供佛的功德，《妙法蓮華經》中說：「若人散亂心，乃至以一華，供養於畫像，漸見無數佛。」以散亂心對一佛供養一朵花，就能逐漸見到無量諸佛，那對無數佛作承侍供養的功德，更是不可思議了。

不過，這個功德就算再大，與持誦《金剛經》比起來，也可以說遠遠不及。

「若復有人，於後末世，能受持讀誦此經，所得功德，於我所供養諸佛功德，百分不及一，千萬億分，乃至算數譬喻所不能及。」

「若有人在末法五百年時，以信心受持讀誦此《金剛經》，所得功德與我供養諸佛的功德相比，百分之一不能及，千萬億分之一，乃至算數譬喻都無法衡量。」

佛陀的經典不可思議，以分別念根本無法想像。我經常這樣想：「我們的分別念連世間的因果規律都無法測度，何況佛經的甚深涵義了？佛陀的智慧和功德真是無法衡量！」

此處和前面一樣都是在強調法布施，宣講持誦《金剛經》有不可思議的功德。為什麼有如是大的功德呢？《寶積經》中言：「明咒、妙藥、秘方、緣起力不可思議，諸佛菩薩的方便、等持、神變行境之功德亦不可思議。」可見，佛的智慧不可思議，因此，依佛智而宣說的本經，功德必定不可思議。

那什麼叫功德呢？《壇經》云：「不離自性是功，應用無染是德。」「見性是功，平等是德。」通過受持讀誦《金剛經》，獲得平等無染的境界，這就是真正的功德，此功德遠勝於世間上有漏的善法。憨山大師也說：「悟般若者，一念頓生佛家，生生世世永不離佛，故此功德最為殊勝也。」

「我不懂的甚深之法，並不代表佛陀不知道」

「須菩提，若善男子、善女人，於後末世，有受持讀誦此經，所得功德，我若具說者，或有人聞，心則狂亂，狐疑不信。」

「須菩提，若有善男子、善女人，在後來的末法濁世，讀誦和受持此《金剛經》，所得功德不可思議。如果我詳盡地道出這些功德，也許有人聽後不能接受，以致心意狂亂，生起大懷疑，甚至精神癲狂。」

可見，當時佛陀已授記：末法時代會出現誹謗大乘佛法的人。有智慧的人對佛語有堅定信心，並常以佛語作為依據，口中不斷讚歎佛陀的功德，如佛經所說：「是故諸智者，堅信佛陀語，以佛智為證，口上讚佛知。」而沒有智慧的人，對《金剛經》的殊勝功德會產生懷疑，進而肆意誹謗。

《經莊嚴論》中講過：「我不懂的甚深之法，並不代表佛陀不知道。」這句話的涵義相當甚深，大家應當再三體會，對佛語產生堅定不疑的信心。對於自己不理解之處，切勿以分別心妄加取捨，而要經常祈禱上師三寶。若能如此，久而久之必定會生起智慧，證悟佛陀的究竟密意。

以小因得大果

「須菩提，當知是經義不可思議，果報亦不可思議。」

「須菩提，這部經的意義不可思議，所得果報也不可思議。」

通過佛經的加持，我們的痛苦煩惱一下子就能斷除，這一點確實不可思議；而佛經每一層內容都有內、外、密的涵義，這一點也不可思議；若對佛經虔誠祈禱，絕對會獲得佛陀加持，所得果報也不可思議。

有關其他的不可思議，《龍王請問經》中說：「眾生不可思議，緣其發心的功德亦不可思議。」《供燈經》也講了四種不可思議：「信仰佛經的功德不可思議，以小因而得大果不可思議，眾生的根基不可思議，三寶的力量不可思議。」

既然《金剛經》的功德如此殊勝，我們在念經時，最好能依靠默念、金剛念等六種方法，否則，只是眼睛隨便看一看，不一定有這麼大的功德。誦經的同時，還要仔細思維經義，縱然只有一剎那，功德也是無量無邊，因為經義也是不可思議。

要知道，我們的生命十分短暫，在有限的時間裡，不要盡做些沒有意義的瑣事。哪怕我們只能活一天，也要抓緊時間看一些經論，由於經論的意義不可思議，所得的功德和成熟的果報也不可思議。

第十七品

究竟無我

整部《金剛經》講的是如何調伏自心

本經共分三十二品，剩下的內容不算特別多，基本上是講一些功德，意思比較好懂，跟前面的解釋方法幾乎相同。故而，過去的一些高僧大德在講的時候，前面一般是著重分析，後面則講得不太廣。

爾時，須菩提白佛言：「世尊，善男子、善女人發阿耨多羅三藐三菩提心，云何應住？云何降伏其心？」

此時，須菩提在佛前陳白：「世尊，若有善男子、善女人發無上正等覺菩提心，以什麼方式來安住所緣？以什麼方式來修持六度萬行？以什麼方式來調伏自心？」

● ●

心是萬法的根本，佛陀傳講八萬四千法門，其關鍵就是為了調伏自心。當然，調心有不同的層次：世間人與有信仰者相比，有信仰者的心更易調伏；有信仰者與阿羅漢相比，阿羅漢的心更調柔；阿羅漢與菩薩相比，菩薩的心更寂靜；菩薩與佛陀相比，佛陀的心最圓滿究竟。

總之，發菩提心的究竟目的，就是要調伏自心，即首先怎麼樣安住？中間怎麼樣修持？最後達到什麼樣的結果？當時，須菩提在佛前就提出了這樣的問題。

這幾個問題，在《金剛經》中非常重要，本經主要講的就是如何調伏自心，在名言中怎樣積累資糧。大家天天諷誦《金剛經》、受持《金剛經》，這只是名言上的調心方法，但從勝義來說，心若達到了寂滅的境界，才是最究竟的調心。

菩提心也分世俗、勝義

佛告須菩提：「善男子、善女人，發阿耨多羅三藐三菩提心者，當生如是心：我應滅度一切眾生，滅度一切眾生已，而無有一眾生實滅度者。」

佛告訴須菩提：「若有善男子、善女人發無上正等覺之心，理應如此觀想：我雖然發了菩提心要滅度天下一切眾生，但實際上，沒有所滅度的眾生，也沒有能滅度的我。」

前面須菩提已提出問題：發了菩提心的人，應該如何安住、如何修行、如何調伏自心？佛回答說：方法是非常多的，但最究竟、最殊勝的就是發菩提心。

巴珠仁波切說「有則皆足，無則皆缺」，指的就是菩提心。如果有了菩提心，一切都已經圓滿了，不需要再修其他法；但若沒有菩提心，什麼法也修不成。

佛告訴須菩提，善男子、善女人若想真正調伏自己的心，必須生起世俗菩提心和勝義菩提心。

什麼是世俗菩提心呢？「我應滅度一切眾生。」因為輪迴中的眾生都當過我的父母，他們現在沉溺於輪迴苦海中，故應想盡一切辦法救度，令其獲得佛果的安樂，這種發心就是世俗菩提心。它又分願菩提心、行菩提心兩種，此乃世俗中最好的調心方法。

從勝義來說，「滅度一切眾生已，而無有一眾生實滅度者」，所滅度與能滅度並非實有，二者都不存在，這即是勝義菩提心。

作為一個修行者，分析萬法時，必須分開勝義諦和世俗諦，否則不夠究竟。月稱論師說過：「因為對諸法有見到真實、虛妄的差別，故有勝義諦、世俗諦之分。」依此二諦的分法，菩提心也分兩種：一是勝義菩提心，一是世俗菩提心。

按照次第來講，首先要了解世俗諦，再進一步了解勝義諦。也就是說，我們先要發起世俗菩提心，世俗菩提心圓滿之時，了知它並非究竟，然後以般若波羅蜜多來攝持發起勝義菩提心。若依靠這種方便方法，自心必定會得以調柔！

一切相都是虛妄的

「何以故？須菩提，若菩薩有我相、人相、眾生相、壽者相，則非菩薩。」

「為什麼所滅度與能滅度不存在呢？須菩提，菩薩若有我相、人相、眾生相、壽者相，執著在實相中還有一個相的存在，就不是真正的菩薩了。」

● ●

一切相都是虛妄的，並非真實存在。《中論》云：「如佛經所說，虛誑妄取相，諸行妄取故，是名為虛誑。」假如菩薩執著四相，這種發心不究竟，此菩薩也非真正的菩薩。

「所以者何？須菩提，實無有法發阿耨多羅三藐三菩提心者。」

「原因是什麼呢？須菩提，發菩提心的無上正等覺者並不存在，凡是執著相狀的，皆不符合究竟的真如法要。」

• •

佛陀已通達萬法的本來實相，在這種智慧面前，一絲一毫的法也不可得。如果實相中確實有法可得，諸佛菩薩應該能看到，但正因為以勝義智慧來抉擇時什麼也得不到，故而發菩提心的無上正等覺者並不存在，如此，所發的菩提心也無實有，這就叫勝義菩提心。

《楞伽經》也說：「有無不生，是故諸法無有生。」在勝義中，有、無都不存在，諸法均是無生大空性。

連佛也沒有得過法

下面，釋迦牟尼佛以親身經歷來說明這個問題：

「須菩提，於意云何？如來於燃燈佛所，有法得阿耨多羅三藐三菩提不？」

「不也，世尊。如我解佛所說義，佛於燃燈佛所，無有法得阿耨多羅三藐三菩提。」

佛言：「如是，如是。須菩提，實無有法，如來得阿耨多羅三藐三菩提。」

佛問：「須菩提，你是怎麼想的？佛以前在燃燈佛面前，有沒有得過無上正等正覺的法？」

須菩提回答：「世尊，據我對佛陀深意的理解，您在燃燈佛面前，沒有得過任何法。」

佛讚歎道：「一點也不錯。須菩提，實相中的確沒有法令如來獲得無上正等正覺。」

【如是，如是】

這裡有兩種解釋方法：一是佛對須菩提的回答非常滿意，用重複的語氣表示讚歎。還有一種說法是，須菩提回答時說勝義中佛沒有得過法，但間接承認世俗中曾得過法，佛說了兩遍「如是」，一遍是肯定對勝義的理解不錯，一遍是肯定世俗中承認如幻的存在也非常對。由此可見，佛陀的每一句話都有甚深密意，不像我們凡夫人，所說的話經常沒有任何實義。

須菩提回答得非常正確，實相中無有少法可得，假如真正去觀察，如來並沒有得過阿耨多羅三藐三菩提。

《賢劫經》中記載，釋迦佛因地時在大釋迦佛面前供養妙衣，並發願：「善逝如來汝之身，眷屬壽命與剎土，殊勝妙相等功德，唯願我等成如是。」這完全是從世俗諦來講的。龍猛菩薩也說：「如來所有性，即是世間性。」但通過勝義理論來衡量，如來並沒有所得之法。

萬法皆由因緣生

「須菩提，若有法如來得阿耨多羅三藐三菩提者，燃燈佛則不與我授記：汝於來世，當得作佛，號釋迦牟尼。」

「須菩提，如來若依實有之法獲得了無上正等覺，燃燈佛則根本不會給我授記：你將來在娑婆世界成佛，號釋迦牟尼。」

在九十一劫前，世尊為法雲比丘（有經典說是賢慧婆羅門），當時他在燃燈佛前得到無生法忍，並獲授記：「你將來於娑婆世界成佛，號釋迦牟尼，度化無量眾生。」

名言中雖有此事，但若執著勝義中也有所得之法，燃燈佛根本不會如此授記。為什麼呢？如果真有一法是實有存在，其本性應永恆不變，不可能有未來如幻如夢的顯現，也不可能有當下的示現。正因為有燃燈佛的授記，恰恰說明萬法皆由因緣所生，並非實有。

釋迦牟尼佛是這樣成佛的

「以實無有法得阿耨多羅三藐三菩提，是故燃燈佛與我授記，作是言：汝於來世，當得作佛，號釋迦牟尼。」

「由於不存在獲得無上正等覺的實有之法，因此，燃燈佛曾給我授記：你於未來世，定當成佛，名號為釋迦牟尼。」

勝義中無一法可得，若真正證悟了這一點，名言中才會獲得如幻的授記。

誠如《百業經》中記載：釋迦牟尼佛在因地時，初見燃燈佛即生起極大歡喜心，見前面的路泥濘不堪，便把頭髮鋪在地上祈求：「如果我能現前菩提果位，廣轉法輪，願請佛陀雙足從我髮上踏過。」果然，佛陀從他的頭髮上踏過，並授記：「你未來將得解脫，現前無上正等正覺的果位，號釋迦牟尼佛，成為三界輪迴的唯一明燈。」

如來的授記，若在實相中存在，不可能是真實的授記。米滂仁波切在《中觀莊嚴論釋》中也說：在一切所知當中，若有一法是成實的，形形色色的法都不會顯現；正因為不是成實的緣故，各種各樣的顯現才合情合理。猶如鏡子裡的山河大地，由於不是成實的，才能在小小的鏡子中映現出來，同樣，萬法的本性也是如此。

《金剛經》中一會兒說有、一會兒說沒有，一會兒得授記、一會兒不得授記，好像一句話處處有矛盾。但實際上，只要靜下心去體會，就會發現它的境界不可思議，內心有一種前所未有的收穫。

如今，《金剛經》的講義非常多，我看過不少，也聽過不少錄音，有的語句非常優美，聽起來也很舒服，但從意義上觀察，可能因為沒有《金剛經》的傳承吧，個別地方講得不盡如人意。但不管怎麼樣，諸佛菩薩是通過不同形象來度眾生的，究竟上當然沒有差別。

這次我傳講《金剛經》，嘗試著宣說了一點此經的密意，不敢說是全部，希望能拋磚引玉，引發大家對經文的深入理解。

「如來」是什麼意思

前面講了，釋迦牟尼佛若真實存在，就不會得到授記；不真實存在，才得授記。表面上看似乎難以理解，為什麼是這樣呢？

「何以故?如來者,即諸法如義。」

「為什麼?所謂如來,即諸法的本義。」

如來,是佛的十種名號之一,「如」是真如之意,指法界的勝義本性;「來」是已經到達了這種境界。按照藏傳佛教的解釋,如來就是究竟達到了真如本地。

所謂的真如,《成唯識論》中定義為:「真謂真實,顯非虛妄;如謂如常,表無變易。」真如有聲聞、菩薩、佛陀之分,唯有佛陀才能徹底通達真如實相。

此處,如來與真如是同一個意思,因為如來並不是有眼有鼻的形象,而是一切諸法的本性,這種實相是真正的如來,所以如來不能得授記。

【諸法如義】

諸法的本來面目即是如此。從空性角度來講,佛菩薩來人間也好,不來人間也好,法性永遠都不會改變。《金剛經》之所以甚深,原因也在這裡。

「若有人言：如來得阿耨多羅三藐三菩提。須菩提，實無有法，佛得阿耨多羅三藐三菩提。」

「假如有人說：如來已得無上正等覺的果位。這種說法不正確。須菩提，在實相中，無有法令佛得到無上正等覺的果位」。

●●

此處與玄奘、義淨翻譯的略有不同，玄奘譯為：「若如是說『如來、應、正等覺能證阿耨多羅三藐三菩提』者，當知此言為不真實。」義淨則是：「若言如來證得無上正等覺者，是為妄語。」藏文中說：「須菩提，若有人說如來得阿耨多羅三藐三菩提，此人已入邪道。」

大家若想研究《金剛經》，在學習過程中，應該把這幾個譯本拿來對照，這樣才會便於理解。有些不好解釋的地方，參考一下其他譯本，意思自會一目了然。

尚未通達般若實相的人，在其迷亂根識面前，可以承認如來獲得了正等覺果位。不僅凡夫這樣承許，佛陀當初也承認自己在菩提樹下悟道，並說：「我得甘露無為法，甚深寂靜離塵垢，一切眾生無能了，是故靜處默然住。」

所以，在名言中，佛在眾生面前顯現為：先發菩提心，中間修六度萬行，最後現前法身與色身雙運的果位，確實得到了阿耨多羅三藐三菩提。但從勝義角度來講，這些都是不真實的，都了不可得。

夢裡為實，夢外為虛

「須菩提，如來所得阿耨多羅三藐三菩提，於是中無實無虛。」

「須菩提，如來所得阿耨多羅三藐三菩提，既不是有，也不是無。」

在世俗名言中，釋迦牟尼佛於印度金剛座，摧毀群魔現前菩提，在鹿野苑等處轉法輪，這些都是不爭的事實。但在勝義實相中，一切顯現皆不存在。《三摩地王經》說：「比如男子做夢時，夢見一位絕色佳人，他在夢境中貪愛此對境，但醒來後什麼都沒有了。諸法亦當如是觀（勝義中無實，世俗中無虛）。」

一切法的本性無實無虛，但很多人因為沒有通達此理，也沒有聽聞過空性法門，故經常偏墮於一邊。有些人認為什麼都沒有，因果也是空的，連發菩提心都不存在；有些人認為一切都實有，如來是一個萬德莊嚴的大聖者，他是真實存在的。這些都是入邪道者，不能得見如來的本面。

前面講經義不可思議，果報也不可思議，這裡講阿耨多羅三藐三菩提無實無虛，這些金剛語大家應當記住！

其實，「無實無虛」可以說歸納了整個宇宙人生的真理。我們觀察任何一個法時，它在名言中真實無虛，造惡定會招致痛苦，但勝義中是不存在的，這即是萬法的真相。

殺人放火是不是佛法

「是故如來說一切法皆是佛法。」

「因此，如來在諸佛經中說：輪迴、涅槃所攝的一切萬法，全部是佛法。」

《文殊經》中，文殊菩薩問舍利子：「什麼是最殊勝的佛法？」舍利子答：「諸法無有自性，此乃最殊勝的佛法。」可見，無有一法不是佛法，佛法的範圍非常廣，能夠容納一切萬法。

漢地有個慧忠國師，他在講《金剛經》時說一切萬法都是佛法。有弟子問他：「假如一切都是佛法，那麼殺人放火是不是佛法？」國師笑一笑，說道：「殺人放火的本性是空，仍離不開佛法。」

佛法在名言中分為所取之法、所捨之法，殺人放火是所捨之法；從勝義來講，是無取無捨之法，這是分開二諦而言的。慧忠國師回答時並沒有這樣分，他主要是站在勝義角度來講的。

「須菩提，所言一切法者，即非一切法，是故名一切法。」

「須菩提，如來所說的一切法並非實有，只是名言中叫做一切法。」

佛陀為斷除眾生的貪嗔癡，引導他們趨入菩提道，前後共轉了三次法輪，宣說了八萬四千法門。但從實相來說，這些法非一切法，因為能言所言全都不存在，這才是名副其實的佛法。

小中可現大，大中可現小

「須菩提，譬如人身長大。」

須菩提言：「世尊，如來說人身長大，則為非大身，是名大身。」

佛問須菩提：「比如人的身體長(ㄓㄤˇ)大，是不是實有存在？」

須菩提回答：「世尊，如來雖說人身長大，但其實沒有大身就是大身。」

●

●

蓮花戒論師說，此處以身體長大為喻，說明一地菩薩到佛陀之間的智慧越來越增上，佛陀的智慧最為圓滿。在名言中，雖然身體有大小的差別、智慧有高低的懸殊，但從勝義來講，這些分別均不成立，不是大身才是大身。

《楞嚴經》也說：「一為無量，無量為一。小中現大，大中現小。」從世俗來看，這好像有點矛盾，小不可能大，大不可能小，但從萬法無自性的角度卻可以成立。譬如，在夢中我的身體非常高大，這種高大並不是真正的高大，因為夢中沒有實質的身體。同樣，菩薩智慧的增長也不成立，儘管名言中有從一地到十地的真實果位，但勝義中確實沒有這些。

《金剛經》中有很多隱藏的比喻，不去觀察則根本看不出來。此處大人的身體喻為佛陀的智慧，小孩的身體喻為菩薩的智慧，若想長成大人，必須要從小孩開始。如果沒有明白這個比喻，就會覺得一會兒講佛陀，一會兒講菩薩，一會兒又講身體，表面上看來很難懂，但只要用心去體會，我們不難發現其中密意。

「無相」才是菩薩的名字

如上所說，就像身體長大一樣，菩薩的智慧也越來越大，但實際上，菩薩也是不存在的。

「須菩提，菩薩亦如是。若作是言，我當滅度無量眾生，則不名菩薩。何以故？須菩提，實無有法名為菩薩。是故佛說：一切法無我、無人、無眾生、無壽者。」

「須菩提，菩薩也是同樣。若有菩薩說『我要滅度天邊無際的一切眾生』，這就不是真正的菩薩。為什麼呢？所謂的菩薩，不應執著任何實有之法。因此，諸佛說一切法都無我相、人相、眾生相、壽者相。」

通過了義經典可以發現，文殊菩薩、彌勒菩薩等大菩薩的境界中，並沒有菩薩的執著，也沒有救度眾生的執著。《六祖壇經》講：「外離一切相，名為無相。」「無相」才是菩薩的名字。

前面講諸佛遠離一切相，此處說菩薩也遠離一切相，為什麼呢？因為佛陀在經中說，一切法無我、無人、無眾生、無壽者。

《涅槃經》也說：「一切法悉無有我。」既然沒有真實的我，人相、眾生相、壽者相又從何談起呢？

連「莊嚴佛土」也不要執著

「須菩提，若菩薩作是言，我當莊嚴佛土，是不名菩薩。何以故？如來說莊嚴佛土者，即非莊嚴，是名莊嚴。」

「須菩提，發了菩提心的菩薩，若認為『我應當莊嚴佛土』，則非真正的菩薩。為什麼呢？因為如來所說的莊嚴佛土，只是名言假立，實相中根本不存在，莊嚴佛土也是一種執著。」

在名言中，菩薩需要莊嚴佛土。《現觀莊嚴論》中說：「三清淨地（八地至十地）的菩薩，先要莊嚴、清淨自己未來成佛的殊勝刹土。」

例如，《華嚴經》《大日經》提到了華藏莊嚴世界海；《密嚴經》宣說了密嚴刹土的無盡莊嚴；《無量壽經》中講阿彌陀佛依靠不可思議的發心，莊嚴無邊功德的極樂刹土；還有藏傳佛教許多大德所現見的香巴拉刹土、銅色吉祥山（蓮師刹土）等等。這些刹土在名言中都是存在的。但菩薩如果執著它，就不是真正的菩薩了。為什麼呢？因為這些莊嚴刹土並非實有，只不過是清淨心的化現。如《維摩詰經》云：「隨其心淨，則佛土淨。」

既然名言中存在莊嚴刹土，仔細觀察時又不存在，這二者是否矛盾呢？並不矛盾。米滂仁波切在《定解寶燈論》中說：「表面似乎成相違。」對於勝義諦和世俗諦，在凡夫的眼裡看似相違，實則並不相違。名言中可以這樣承認，但若認為它實有存在，則不是真實莊嚴。

就好比鏡子中顯現莊嚴剎土，若此剎土是實有的，不可能現於鏡中，正因為無實之故，萬法才可以在鏡中顯現。

勝義與世俗所攝之法，全部是這樣的本性。

我執是生死輪迴的根本

「須菩提，若菩薩通達無我法者，如來說名真是菩薩。」

「須菩提，倘若菩薩證悟了空性，通達了人無我和法無我的實義，如來說他是真正的菩薩。」

作為一個學大乘法的人，如果沒有通達無我空性，不要說大菩薩，連聲聞、緣覺也當不成。因為按照大乘或寧瑪巴自宗的觀點，小乘聖果至少也要證悟人無我。

龍猛菩薩說：「得無我智者，是則名實觀。得無我智者，是人為希有。」得到無我智慧的人，形象上儘管與凡夫一樣，但他內心的境界無法言說，十分希有。反之，假如沒有證悟無我空性，根本不能稱之為「菩薩」或「成就者」。

那什麼是「我」呢？《涅槃經》講：「若法是實、是真、是常、是主、是依，性不變易者，是名為我。」也就是說，凡是執著「我」者，即認為「我」是實有、真實、長存、可依賴的，而不是空的，這種我執是生死輪迴的根本。

因此，大家務必要通達無我空性，否則，不管修什麼法，也得不到任何聖果。這裡是說若沒有通達無我，無法得到菩薩果。但按照其他經典的說法，就連小乘聖果也得不到，如《圓覺經》云：「雖經多劫，勤苦修道，但名有為，終不能成一切聖果。」

●第十八品

一體同觀●

什麼是肉眼、天眼、慧眼、法眼、佛眼

「須菩提，於意云何？如來有肉眼不？」

「如是，世尊。如來有肉眼。」

「須菩提，於意云何？如來有天眼不？」

「如是，世尊。如來有天眼。」

「須菩提，於意云何？如來有慧眼不？」

「如是，世尊。如來有慧眼。」

「須菩提，於意云何？如來有法眼不？」

「如是，世尊。如來有法眼。」

「須菩提，於意云何？如來有佛眼不？」

「如是，世尊。如來有佛眼。」

佛陀問：「須菩提，你怎麼想的？如來有沒有肉眼？」

「是，如來有肉眼。」

「須菩提，你怎麼想的？如來有沒有天眼？」

「是，如來有天眼。」
「須菩提，你怎麼想的？如來有沒有慧眼？」
「是，如來有慧眼。」
「須菩提，你怎麼想的？如來有沒有法眼？」
「是，如來有法眼。」
「須菩提，你怎麼想的？如來有沒有佛眼？」
「是，如來有佛眼。」

為了增強經文的語氣和涵義，上面幾個問題是分開問的。如果簡單問的話——「須菩提，於意云何？如來有五眼不？」「如是，世尊。如來有五眼。」這樣就可以了！

有關「五眼」，我看了一些《金剛經》的講義，很多人可能自己也不明白吧，繞來繞去不直接解釋，講些無關緊要的話就過去了，這種現象比較多。我希望大家以後講法時，不懂的地方，不要用其他話題來應付。

另外，講經時最好能引用教證，這是藏傳佛教的一大特色。當然，教證必須用在合適的地方，隨隨便便用是不行的。現在不少人講經說法不像古大德那樣嚴謹，不管自己懂不懂都敢開口，而這樣的書籍、光碟到處都是，這樣不是很好。

五眼，在《俱舍論》等小乘論典中沒有提及。因為薩迦派的果仁巴說：「六通，小乘行人可以得到；五眼，只有大乘聖者方可獲得。」佛經也說：「若欲獲得五眼者，當勤修六波羅蜜。」

五眼的因、作用、範圍、本體等，在《現觀莊嚴論釋》和《大乘阿毗達磨》中有詳細介紹。本來，《文殊真實名經》和《勝樂金剛》的講義中說，佛陀的功德無邊無際，六根可以互用，身體的哪一部分都能了知一切外境。但此處是從不同角度，以不同方式宣說佛陀具足五眼功德。

【肉眼】

在資糧道時獲得，其因是前世供燈、修禪定。肉眼能照見一百由旬到三千大千世界以內的粗細眾色。

歷史上也有些大成就者獲得了肉眼功德。《大圓滿前行》中記載：國王赤松德贊為將正法發揚光大，決定建造寺廟，在尋找淨地上師時，去問國師釀萬登珍桑波。國師依靠肉眼通，了知印度東方有大堪布菩提薩埵，於是國王迎請他作為淨地上師。

【天眼】

加行道以上都具有，其因是行持有漏善法，或修持禪定等六度。天眼能照見十方眾生的前生後世、投生何處等，對自他一切眾生，包括地獄、餓鬼的前後世是什麼，全部能夠一一現見。現在的瑜伽士、空行母，有些真正有天眼，有些只有跟天眼相似的神通。《智者入門》的說法，與此稍有不同，論云：「天眼的功德，是能照見無邊色法。」

【慧眼】

一地到十地菩薩入定時具有，其因是修持無漏善法、行持六度而獲得。慧眼能如實現見萬法的本體——勝義法性。當然，我們平時所說的「慧眼」，大多是將智慧喻為眼目，跟此處的定義不一樣，此處的慧眼是一地到十地菩薩入定時才有。

【法眼】

一地到十地菩薩出定時具有，其因也是修持無漏善法，行持六度。法眼能如理通達教法和證法的意義，了知與自己等同者、比自己低劣者的根基。比如，二地菩薩能知道一地菩薩以下的眾生根基，其上境界則無法了知。

【佛眼】

得佛果時具有，其因是圓滿福德資糧和智慧資糧。佛眼是以如所有智和盡所有智，徹見萬法勝義諦與世俗諦的本性，其範圍廣大無邊、不可思議。《現觀莊嚴論釋》中說，一地到十地之間，可以得到相似的佛眼。

關於五眼的功德，六祖在《金剛經口訣》中也有不同解釋，江味農居士的講義中講得比較廣，和我講的有點不同，這可能是漢傳佛教的解釋方法。

通過以上這些介紹，大家應該明白，佛陀完全具足了五眼的功德，對勝義中遠離四邊八戲的本相、世俗中每個眾生的起心動念，都能毫不混雜地照見。

世間沒有什麼佛不知道的

「須菩提，於意云何？恆河中所有沙，佛說是沙不？」

「如是，世尊。如來說是沙。」

「須菩提，你是怎麼想的？恆河中的所有沙，佛說是不是沙？」

「是的，世尊。如來說是沙。」

此段經文，在玄奘的譯文中也有，但藏文和義淨的譯本中都沒有。這段跟前後文並沒有很大關係，所以，只是從字面上解釋了一下。

「須菩提，於意云何？如一恆河中所有沙，有如是沙等恆河，是諸恆河所有沙數佛世界，如是寧為多不？」

「甚多，世尊。」

「須菩提，你是怎麼認為的？比如現在有像恆河沙子那樣多的無數條恆河，把這些恆河中的所有沙子加起來，如此數量的佛世界多不多呢？」

「非常多，世尊。」

【佛世界】

一尊佛所調化的世界，是一個三千大千世界，它包括百俱胝的小世界，數量相當多。

【甚多】

鳩摩羅什的翻譯中只有一個「甚多」，而藏文中是「甚多，甚多」，玄奘的譯文中是「如是，世尊。如是，善逝」。

佛告須菩提：「爾所國土中，所有眾生，若干種心，如來悉知。」

佛告訴須菩提：「如此不可思議的眾多剎土中，每一個眾生的種性、根基、意樂差別，如來都能完全了知。」

●

●

佛陀具有不共的智慧，即便阿羅漢也無法測度，佛對恆河沙數佛世界的眾生根基，全部能夠一一照見，這種功德無法想像。《秘密不可思議經》云：「諸佛功德海，無數劫難說。」諸佛的功德就像大海一樣，縱然用無數劫來宣說，也說不盡、道不完。

從總的方面來講，佛陀有不可思議的功德，尤其是了知眾生根基方面，具有不共的特點。《極樂願文》說：「佛於晝夜六時中，慈眸恆視諸有情：諸眾心中所生起，任何分別皆明知；諸眾口中所言語，永無混雜一一聞。」

《入中論》在講「十力」時，也提到了佛陀依「如是了知眾生根器勝劣智力」能無餘了知眾生的根器勝劣，依「知遍趣行智力」能徹底了達眾生入小乘、入大乘、生善趣、生惡趣等不同趣行。

因此，佛的一分功德也不可思議。龍猛菩薩在《讚三身論》中，就讚歎了佛陀身語意的無盡功德，尤其強調了意方面的功德。

心性即光明

「何以故？如來說：諸心皆為非心，是名為心。」

「為什麼如來能照見一切眾生的心呢？佛陀在經中講過：所謂的心，並不是真正的心，只是名稱上叫心。」

在勝義中觀察時，迷亂的心不存在，明清的心也不存在。《般若八千頌》說：「於心無有心，心性即光明。」心的本性中沒有心，心的本性就是光明——離一切戲論的法界本體。

為什麼說「諸心皆為非心」呢？因為心在名言中可以承認，但在勝義中得不到，這即是一切法的本性。

以前法王如意寶講《上師心滴》時，對「心得不到」的原因講得非常清楚，法王主要是以竅訣方式講的，而《金剛經》主要以教言方式宣說的。

前不久，有人建議以大圓滿的方式來解釋《金剛經》。我覺得，用大圓滿確實能很好地解釋此經，而且與《法界寶藏論》《實相寶藏論》對應起來講也很方便。但另一方面，大圓滿的很多教言我不敢用，因為《金剛經》是顯宗的經典，這本講義出版的話，沒得過灌頂的人也會看，若注明「未經大圓滿灌頂者不得翻閱」，那可能有點說不過去，因此，用大圓滿來解釋不太合適。

不過，此處講的這些道理，跟大圓滿的「破心房」，只是語言表達不同而已，在意思上沒有太大差別。

過去、現在、未來是一種錯覺

「所以者何？須菩提，過去心不可得，現在心不可得，未來心不可得。」

「為什麼這樣說呢？須菩提，若能通達心的本性，就會知道過去、現在、未來三時，心都了不可得。」

無垢光尊者在《三休息》中經常講：「過去心」跟昨天的夢沒有差別。前一剎那的心，現在一絲一毫的痕跡也沒有，留下來的只是憶念，而不是過去心的本體。如果過去心的本體現在仍在，則成常有的過失。

「現在心」也不可得。現在這顆明明清清的心，如果觀察它的顏色、住處、形狀，是根本找不到的。

「未來心」是未生之法，根本沒有本體。如果未生之法現在可以得到，那完全不存在的法也能得到了。

用密宗竅訣來講：過去心不可得，應該找心的來源；現在心不可得，應該找心的住處；未來心不可得，應該找心的去處。

總而言之，這裡是以「不可得」的理由來抉擇心性。不僅心性如此，一切萬法莫不如是，因為萬法皆由心造，心不可得，萬法本性也不可得。

因此，心不起分別念，在明然了然的境界中安住很重要。《六祖壇經》云：「心念不起，名為坐；內見自性不動，名為禪。」真正的坐禪，就是如實通達心性無來無去，三心了不可得。

以前我看到《金剛經》的這句話時，總覺得其涵義特別殊勝，跟大圓滿沒有兩樣。因此，大家也應該經常觀心，這裡面有很甚深的竅訣！

歷史上有些人依靠這種觀察，就能認識心的本性：漢傳佛教中有一位宣鑒禪師，他從小出家，年輕時即能為人講法，尤其是對《金剛經》頗有心得，因他俗家姓周，世人稱之為「周金剛」。

後來他自認為修有所成，精通一切法，聽說南方禪宗極其興盛，提倡直指人心、見性成佛，便起念想：「我的智慧首屈一指，南方一帶有魔眾傳法很厲害，還是去看一看，降妖伏魔。」於是，他挑著自己撰著的《金剛經．青龍疏鈔》南下。

有一天，他在途中買點心，賣點心的阿婆問：「你的包袱看起來很重，裡面是些什麼？」

「《金剛經》的疏鈔。」

「你懂嗎？」

「不僅懂，而且講過多年。」

「我有一問題，若師父答得上來，點心免費供養，分文不取；若答不上來，請到別家去買吧。經云：『過去心不可得，現在心不可得，未來心不可得。』不知您點的是哪個心？」

禪師一時為之語塞，只好背起行李繼續趕路，但心裡始終不忘這個疑團。

晚上他來到龍潭禪師的寺院，拜訪了禪師之後，臨走時他看到外面太黑，就返回來要燈火。龍潭禪師點了一根蠟燭，遞給他，他伸手接時，仍在思維白天那事。正在此時，禪師「撲」地把蠟燭吹滅，當下宣鑒禪師恍然大悟。

第十九品

法界通化

布施只要著相，功德幾乎沒有

「須菩提，於意云何？若有人滿三千大千世界七寶，以用布施，是人以是因緣，得福多不？」

「如是，世尊。此人以是因緣，得福甚多。」

「須菩提，你是怎麼想的？若有人以遍滿三千大千世界的七寶來作布施，以此殊勝因緣，他的福德是不是非常大？」

「是的，世尊。此人以是因緣，所得福德不可限量。」

●　●

不要說遍滿三千大千世界的七寶，就算在殊勝對境前供養一朵鮮花、一杯淨水，佛經中說也有不可思議的功德。

「須菩提，若福德有實，如來不說得福德多，以福德無故，如來說得福德多。」

「須菩提，你應該明白，假如福德的本體實有，如來根本不會說福德多。正因為福德無實，故如來在佛經中說：這樣的布施，所得福德非常多。」

這和前面的問題有一個上下銜接：前文已述「過去心不可得，現在心不可得，未來心不可得」，有人會生疑惑：「既然三心不可得，那麼積累資糧會不會成為無義？」回答是否定的。儘管心的本性不可得，但在名言中，通過布施積累福德資糧，永遠也不會滅盡，乃至佛果之間都會存在。

大家都知道，佛經中為大乘行人宣說了種種法門，尤其是布施這一方便法，對初學者來說非常殊勝，依此可迅速積累資糧、懺淨罪障，獲得殊勝的佛果。那麼，若有人以三千大千世界的七寶作布施，功德是不是很大呢？須菩提完全了知佛陀的密意，他回答說：福德確實非常大。

為什麼福德如此大呢？因為是空性的緣故。《中論》云：「眾因緣生法，我說即是空。」布施是因緣所生之法，本體是空性，以無實之故，所以福德非常大。當然，我們凡夫並未證悟空性，對這個理由不一定接受。只有對空性法門生起穩固定解，了知諸法沒有芝麻許實質，才會明白這種因果的安立非常合理。

倘若福德是實有之法，如來在諸經中根本不會說這樣的布施福德極大。前面也講過：「不應住色生心，不應住聲、香、味、觸、法生心，應無所住而生其心。」不著相布施的功德非常大，著相布施的功德幾乎沒有。

昔日，梁武帝曾問達摩祖師：「我自登基以來，造佛像、印經書、供養僧眾，為三寶做了不計其數的善事，這個功德大不大？」

達摩祖師回答：「沒有功德。」

梁武帝當時很不高興，拂袖而去。

為什麼達摩祖師這樣講呢？因為梁武帝執著功德是實有的，倘若他明白善法的本體也是空性，就不會認為自己很了不起了。

所以，實執是修行中要斷除的大障。《入行論・智慧品》云：「見聞與覺知，於此不遮除。此處所遮者，苦因執諦實。」由此可見，我們必須要斷除的，並不是一切法，而是對一切法的執著，這才是眾生痛苦之因。

總之，假如諸法實有，從中就不可能產生功德。正因為一切都是緣起空性、如幻如夢，因緣具足的時候，功德才可以顯現。

第二十品

離色離相

色身即法身，法身即色身

「須菩提，於意云何？佛可以具足色身見不？」

「不也，世尊。如來不應以具足色身見。何以故？如來說具足色身，即非具足色身，是名具足色身。」

「須菩提，你是怎麼想的？見到佛陀色身，是否意味著見到了如來？」

「不，世尊。不能以見到佛的色身而認為見到了如來。為什麼呢？因為如來在經中說：具足色身，並非具足色身，不是色身才是色身，故以色身見如來不合理。」

本經的很多地方，都是用勝義和世俗相結合來說明諸法的本性。如果詳細觀察，前面和後面還是有很大的聯繫：前面講了福德分，福德資糧能產生色身；此處講的是智慧分，智慧資糧能產生法身，這是因緣的特殊關係。龍猛菩薩在《六十正理論》中也說：「以此之善根，迴向諸眾生，積福智資糧，願眾得二身。」

有人可能會問：「福德所生的色身，是不是實有的呢？」並非如此。福德能夠產生色身，只是名言中這樣承認，從勝義來講，色身與福德遠離一切戲論，二者既不是各自分開，也不是能生所生的關係。因此，色身即法身，法身即色身。《大乘起信論》也說：「以法身是色實體故，能現種種色。」法身實際上就是色體，色體中可顯現種種色法。

不懂大乘經典的人聽後，可能覺得非常矛盾，但了義經典的觀點即是如此。如來的色身不是色身，而是本空離戲、光明周遍的一種顯現，「色即是空，空即是色」也是這個道理。

如來的真正身體是無為法

相好是色身的一部分，如果色身不具足，那佛的相好具不具足呢？也不具足。

「須菩提，於意云何？如來可以具足諸相見不？」

「不也，世尊。如來不應以具足諸相見。」

「須菩提，你是怎麼想的？能否因為見到如來具足的妙相，就認為已經見到了如來呢？」

「不能，世尊。如來不以外在的圓滿具足妙相而見。」

從名言來說，佛在世時，很多眾生可以看見佛的三十二相，如《法華經》云：「若得作佛時，具三十二相，天人夜叉眾，龍神等恭敬。」但實際上，如來的色身並沒有真實之相，三十二相只是成佛的一種標誌，並非實有。因此，以色相見如來不合理。

外在的佛像，暫時來說是加持的一種象徵，有不可思議的功德，但不是最究竟的。《入行論》中說：「別人摧毀佛像、佛塔時，不要對他生嗔恨心，因為佛像、佛塔沒有感受之故。」畢竟如來的真正身體是無為法，無為法不可能被火燒壞、被東西砸碎。以密乘來說，佛像、佛塔是不了義、形象的幻化網。

當然，這樣一說，大家也不要認為不用恭敬佛像了。智慧不成熟的人，經常喜歡走極端，不是「左傾」就是「右傾」，從而造下墮落的惡業。所以，大乘佛法只能在法器面前說，非法器前萬萬不可宣說，因為說了很多人都無法接受，他們認為有鼻子有眼的才是佛。

其實，一個人什麼時候開悟了，才是真正的見佛了。禪宗說明心見性，也可以叫明心見「佛」，但這個「佛」，並不是有面有相的！

「何以故？如來說諸相具足，即非具足，是名諸相具足。」

「為什麼呢？如來在佛經中說，所謂的諸相具足，實相中並不成立，只是名言中隨順世間而安立為諸相具足。」

● ●

一般凡夫認為：如來不是有相，就是無相，除了有相、無相以外，不可能有其他相存在。

但實際上，如來的本相是一種不可思議的境界，無法用語言文字來表達。

打個比方說，我的身相映現在鏡子中，鏡中的我並不是真正的我，但也不是跟我毫無關係。

因此，一切相並非究竟實相，如來的這種境界，我們以分別念很難衡量。

第二十一品 非說所說

默時說，說時默

「須菩提，汝勿謂如來作是念：我當有所說法。莫作是念，何以故？若人言如來有所說法，即為謗佛，不能解我所說故。」

「須菩提，你不要認為如來有所說之法，千萬不要這樣想，也不要這樣說。為什麼呢？若有人言如來有所說之法，此人是故意誹謗佛法，不能完全了解我所說的密意。」

上述這種觀點，沒有聞思過大乘佛法、尤其是不太明白大乘密意的人，可能接受不了。因為佛明明轉了三次法輪，開演了八萬四千法門，而且佛自己也經常說「我在某某時候，說過什麼法」，怎麼這裡一下子就全盤否定了呢？而且，佛竟然還說「凡是說佛講法者，都是誹謗佛法」，實在太令人費解了。

其實，在眾生迷亂的根識前，過去的無量佛確實宣說了佛法，如《法華經》云：「佛說過去世，無量滅度佛，安住方便中，亦皆說是法。」但這是站在名言角度說的，在了義實相中，並不存在實有的轉法輪者、所轉的法輪、轉法輪度眾生的事業。一切法的法性就是空性，除了空性以外，佛陀沒有說過任何法，所說之法全部是名言假象，是不究竟的。

在名言中，如幻的世尊，轉了如幻的三次法輪，度化了如幻的無邊眾生，這一點是不可否認的。但此處並非破斥這種觀點，而是說在勝義實相中，完全不存在釋迦牟尼佛轉法輪度化眾生這件事。

在《寶力經》中，文殊菩薩對佛說：「不管是誰，若依靠名言來宣說佛法，這些法皆無相，並非實有。」《證道歌》言：「默時說，說時默。」佛從來沒有說過法，沉默不言才是佛所說的真相。

佛至涅槃，未曾說過一字佛法

「須菩提，說法者，無法可說，是名說法。」

「須菩提，三世諸佛等說法者，實際並不存在所說之法，因為能說、所說、說者皆無，所以無法可說，只是名言中假立為說法。」

在《金剛經》中，若把世俗諦與勝義諦分清楚，每個問題都是大同小異，只不過角度不同而已。

從究竟實相而言，佛陀恆時安住於三輪體空的境界中，根本沒有「我要轉法輪度化眾生」這些分別念。他的種種說法，只是在迷亂眾生面前，為了破除其如夢般的我執而顯現的。《金光明經》云：「佛無是念：我今演說十二分教利益有情。」既然佛沒有分別念要講經典十二部，也沒有饒益有情的念頭，故而說法者不成立，所說的法在實相中也不存在，能說、所說均無有，故如來無可說之法。《大涅槃經》也講：「我自成佛至涅槃，未曾說過一字佛法。」

概而言之，實相中沒有能說所說，而名言中為了對治眾生的八萬四千煩惱，佛宣說了八萬四千法門，這是合理的。

爾時，慧命須菩提白佛言：「世尊，頗有眾生，於未來世，聞說是法，生信心不？」佛言：「須菩提，彼非眾生，非不眾生。何以故？須菩提，眾生眾生者，如來說非眾生，是名眾生。」

此時，慧命須菩提在佛前請問：「世尊，未來末法五百年，若有很多眾生聽聞《金剛經》，是否會生起極大信心而獲益？」

佛沒有正面回答：「須菩提，這些眾生既不是眾生，也並非不是眾生。為什麼呢？須菩提，所謂的這些眾生，如來早已經說過，非眾生就是眾生。」

●　●

在本經中，佛陀曾說：未來眾生聞思《金剛經》後生信的場面，佛陀依慧眼能徹見得一清二楚。這在名言中是肯定有的。但此處的回答是：未來生信心者，根本不存在。

為什麼這樣說呢？因為名言中可以承認有如幻般假立的眾生，但在實相中絲毫不成立。《三摩地王經》云：「如濕芭蕉樹，人拆求其堅，內外不得實，諸法亦復然。」眾生猶如芭蕉樹，不觀察時似乎真實存在，然而一經詳細剖析，絲毫實質也無有。

既然如此，眾生聞思《金剛經》後生信，對此經恭敬頂禮、念誦受持而產生無量功德，在實相中也是沒有的。

第二十二品

無法可得

不生亦不滅，無捨亦無得

須菩提白佛言：「世尊，佛得阿耨多羅三藐三菩提，為無所得耶？」

佛言：「如是，如是。須菩提，我於阿耨多羅三藐三菩提，乃至無有少法可得，是名阿耨多羅三藐三菩提。」

須菩提說：「佛得無上正等覺果位，證悟十力、四無畏等不共境界，具有三十二相、六十四梵音，實際上這些是不是無有所得？」

佛陀很歡喜，讚歎須菩提：「沒錯，確實如此！我雖然獲得了無上正等正覺的果位，但在實相中，沒有一點點法可得。」

究竟的涅槃無可得之相，如龍猛菩薩在《中論》說：「無棄亦無得，不斷亦不常，不生亦不滅，是說名涅槃。」

其實，前面也講過這個道理，但蓮花戒論師說，前面是從有學道（一至十地菩薩）而言的，這裡是從無學道（佛果）功德來講的。總之，在實相中，如來根本沒有可得之法。

第二十三品

淨心行善

什麼是「無上正等正覺」

「復次，須菩提，是法平等，無有高下，是名阿耨多羅三藐三菩提。」

「另外，須菩提，諸法不論是顯現、空性，還是佛陀、眾生，全部都是平等的，沒有高低勝劣之別。什麼時候證得這種雙運的境界，就叫無上正等正覺。」

●

●

《華嚴經》中說：「我與一切佛，自性平等住。」《五次第論》也講：「顯現及空性，精通各分已，何處成一體，彼名為雙運（即平等之意）。」

所以，從實相上看，佛陀與眾生無有差別，地獄和涅槃其性平等。

智慧離不開大悲，大悲離不開智慧

「以無我、無人、無眾生、無壽者，修一切善法，則得阿耨多羅三藐三菩提。」

「若能遠離我相、人相、眾生相、壽者相等執著，修持一切善法，即可證得無上正等覺的佛果。」

我們因地時積累資糧、懺悔罪障非常重要，但在這個過程中，也應減少自己的實執。假如一邊對眾生、佛陀有很深的實執，一邊去修持的話，無法獲得究竟的果位。《六祖壇經》中講：「此心本淨，無可取捨。」所以，心要清淨，修持時不能有人我與法我，應該遠離四相，這樣才可得到無上佛果。否則，所做的善法、所積累的資糧都成了實執，只會獲得暫時的人天福報，而不能直接趨達菩提。

有些沒有通達究竟空性的人，始終將積累資糧、獲得佛果執為實有，認為自己所做的善業永遠不滅。儘管在名言中，佛說了因果不虛，但從實相而言，一切法都是無生大空性，沒有真正的佛果可得，也就像《楞嚴經》所云：「圓滿菩提，歸無所得。」
聽聞《金剛經》後，大家一定要減少對善根、如來等的執著，否則，輪迴之因——實執沒辦法斷掉，那就得不到佛果。儘管佛陀也承認修善法是有功德，但若未以三輪體空來攝持，則非最究竟的解脫因。

故而，智慧不能離開大悲，大悲不能離開智慧，我們應以空性見來攝持任何一法。米滂仁波切在《光明藏論》中，也將十一種續事全部抉擇為大圓滿，不管是見解、等持，完全是離一切戲論的大空性，此乃修行的究竟目標。

不執著就是什麼都不要了嗎

「須菩提，所言善法者，如來說即非善法，是名善法。」

「須菩提，所謂善法，如來說並不是真正的善法，只是名稱上叫善法。」

善法的種類非常多，從隨福德分方面來說，共有十善；從隨解脫分方面來說，有三十七道品等。這些善法在名言中以如幻如夢的方式存在，但究竟而言，善法只是暫時的一種方便法。六祖云：「不思善，不思惡。」又說：「修一切善法，希望果報即非善法。」所以在名言中，行持善法確實能解脫，也能令眾生獲得安樂，但從勝義來講，善法並不存在。

這種觀點，大乘行人易於接受，但小乘信眾卻不太理解，儘管他們有信心、有佛緣，可因為內心的實執太重，始終覺得佛陀的身相堅固不變，佛果是實有存在的。對此，禪宗和尚摩訶衍曾破斥道：「不管被黑狗咬、白狗咬，流出的血全是紅色。同樣，不管執著善法、惡法，都是一種輪迴之因。」

現在，有些人修行非常精進，發心也十分清淨，磕頭、供養、布施更是從不間斷，但可惜的是，他們從來沒有聽過空性法門，一直認為成佛是實有的。雖然證悟空性對凡夫來說確實困難，但不管怎麼樣，在因地積資淨障時，還是應逐漸斷除對基道果的執著。

當然，斷除執著，並不意味著不用再修善法了。智慧不成熟的人總喜歡墮於一邊，認為不執著就是什麼都不要了，以此邪見而否認因果，最終又墮入可怕的斷見。

所以，在邪說滿天下的今日，大家必須竭力維護自己的正見，不要被諸多邪見所損壞，最終成為業際顛倒者！

第二十四品

福智無比

七寶雖多，用盡還歸生滅。
經文雖少，悟之直至菩提

「須菩提，若三千大千世界中所有諸須彌山王，如是等七寶聚，有人持用布施。若人以此般若波羅蜜經，乃至四句偈等，受持、讀誦、為他人說，於前福德百分不及一，百千萬億分，乃至算數譬喻所不能及。」

「須菩提，如果三千大千世界中有很多須彌山，以遍滿這些須彌山的七寶來作布施，如此福德不可思議。但與受持、讀誦、為他人說《金剛經》的福德相比，不要說全文，乃至僅持誦四句偈，福德也遠遠超過了前者。布施的福德不及持經的百千萬億分之一，乃至算數譬喻亦不能及。」

● ●

【所有諸須彌山王，如是等七寶聚】

這裡有兩種理解方法：一是以七寶遍滿這些須彌山，一是七寶堆得如這些須彌山一樣高。

曾經有一位老太太問我：「堪布，我實在不明白，為什麼《金剛經》的功德這麼大？你給我說說。」當時我比較忙，沒有能好好地回答，現在我來講一講：

一方面，《金剛經》是三世諸佛的出生之處，諸佛菩薩均依此而成就；另一方面，我們若能誦持此經，即是修持了諸佛菩薩之因，最終也可以生起如來智慧。

前面也說了，持經的功德遠遠超過財布施，為什麼呢？因為從果報而言，財布施只是人天福報之因，最多令我們得到轉輪王、梵天、帝釋等受用圓滿的果位，而持誦般若經，則可圓滿究竟佛果。從證悟方面來說，財布施的善根資糧容易耗盡，而持誦般若經可以證悟空性，解脫輪迴的苦海。因此，唐玄宗說：「三千七寶雖多，用盡還歸生滅。四句經文雖少，悟之直至菩提。」二者功德實有天壤之別。

有些人做了很大的布施，但若未以空性來攝持，則是生滅的本性，並不是解脫之因。然而，若能一剎那證悟空性，當下即可獲得菩提果位，因為它是菩提的正因。《心經》中說：「三世諸佛，依般若波羅蜜多故，得阿耨多羅三藐三菩提。」《六祖壇經》也講：「若起正真般若觀照，一剎那間妄念俱滅，若識自性，一悟即至佛地。」

所以，財布施的功德，與持經的功德無法相提並論。

第二十五品

化無所化

世上沒有眾生可度

「須菩提，於意云何？汝等勿謂如來作是念：我當度眾生。須菩提，莫作是念。何以故？實無有眾生如來度者。若有眾生如來度者，如來則有我、人、眾生、壽者。」

「須菩提，你是怎麼想的？你們最好不要想，也不要說：『如來當度化眾生。』為什麼呢？須菩提，實際上沒有如來所度的眾生，若有如來所度的眾生，如來就有我、人、眾生、壽者四相的執著了。」

此處的意義與上面相同。在名言中，修行者應發無上菩提心，將來要度化眾生，而且十方諸佛也發過此願，顯現上也曾度化了無量眾生，《妙法蓮華經》說：「一切諸如來，以無量方便，度脫諸眾生，入佛無漏智。」

佛度化眾生的方式與我們不同。我們凡夫是依靠自己的分別念，而《大集月藏經》中說，佛以四種方式度化眾生：一、法施度眾生，即轉八萬四千法門，宣說十二部經；二、身業度眾生，佛身有無量光明、相好，眾生只要一心觀想，無不獲益；三、神通力度眾生，在有緣眾生前，示現無量神通、道力，種種變化；四、名號度眾生，諸佛有無量名號，若有眾生一心稱念，即可遣除障礙，獲得利益，如《賢劫經》中說：「若聽聞釋迦牟尼佛的名號，此眾生不會墮落。」因此，在名言中，佛陀確有「我當度眾生」的願和行。

但在究竟實相中，能度與所度均不存在，遠離一切戲論。《圓覺經》中說：「云何我相？謂諸眾生心所證者。」在迷亂顯現前，所度的眾生似乎存在，但實相中只是所證而已，沒有真正的眾生可度。六祖也說：「實相中眾生本來是佛，若還需要佛來度化，則成了妄語。」

所以，這裡講：「若有眾生如來度者，如來則有我、人、眾生、壽者。」有四相者，不可得涅槃！

凡夫與聖者的差別

「須菩提，如來說有我者，則非有我，而凡夫之人，以為有我。」

「須菩提，如來說有我者，實相中並非有我，而凡夫妄執為我。」

佛經論典中，用了各種方法抉擇「我」不存在，但凡夫不懂這個道理，依然對「我」有強烈的執著。

什麼叫做凡夫呢？即對聖法沒有如實通達。《大乘廣五蘊論》也說：「云何異生性？謂於諸聖法不得為性。」「異生」，則是凡夫的別名，指凡夫輪迴於六道，受種種不同的果報而生。

與聖者相比，凡夫有「我」，沒有斷除我執和我所執，具有四相的實執；而聖者從道理上、修證上，完全通達了無我，故沒有對「我」的執著。

凡夫與聖者的差別，在名言中顯而易見，但這種對凡聖的執著是否合理呢？下面就講這個問題。

不要執著於自己是凡夫

「須菩提，凡夫者，如來說則非凡夫。」

「須菩提，所謂的凡夫，如來說並不是真正的凡夫。」

在聖者的根本慧定前，既沒有凡夫，也沒有非凡夫。《維摩詰經》也說：「非凡夫，非離凡夫法；非聖人，非不聖人。」

名言中雖然有凡夫的存在，但在勝義當中，凡夫的本性與佛的真如無二無別。既然凡夫都不存在了，證悟無我與沒有證悟無我也不存在。

在這裡，大家應分清二諦的界限！

第二十六品

法身非相

佛陀的每一種相，都是以無量福德而成就

「須菩提，於意云何？可以三十二相觀如來不？」

須菩提言：「如是，如是。以三十二相觀如來。」

「須菩提，你是怎麼想的？可否以三十二種清淨妙相來觀如來？」

須菩提回答：「可以。因為在名言中，佛陀具足了三十二種妙相。」

在名言中，佛陀確實有萬德莊嚴的三十二相。每一種相以何種福德而成就，龍猛菩薩在《中觀寶鬘論》中均有詳細介紹。

《金光明經》說：「世尊百福，相好微妙，功德千數，莊嚴其身。」了義的大乘經典，如《如來藏經》中也常提及佛的相好。因此，須菩提說以三十二相能見到如來，名言中可以這樣承認。

三十二相也有勝劣之別

在這裡，佛陀和須菩提作了一個辯論，說他這種回答不是很圓滿：

佛言：「須菩提，若以三十二相觀如來者，轉輪聖王則是如來。」

佛說：「須菩提，若能以三十二相觀如來，那轉輪聖王也具足三十二相，他也成如來了。」

這是一種文字上的辯論，須菩提說「能以三十二相觀如來」，佛陀從詞句、意義兩方面破了他的觀點：

詞句上：若認為見三十二相就是見到了如來，則有「轉輪王也成如來」之過。《本生傳》中講，釋迦牟尼佛剛降生時，淨飯王請相士來看相，相士說他如果不出家，就會成為一代轉輪王，出家則會成為佛陀。由此可見，轉輪王也有三十二相，這裡，須菩提在詞句上有漏洞。

意義上：三十二相有勝劣之別，不應一概而論。《俱舍論》說：佛陀的三十二種妙相，在莊嚴、明顯、圓滿方面，遠遠勝過了轉輪王。比如，佛陀的肉髻生在正中位置上，而轉輪王的肉髻偏左或偏右，不是非常莊嚴；佛陀的三十二相十分明顯，而轉輪王的若不詳察則看不出來；佛陀的相好圓滿無缺，而轉輪王的相好尚有欠缺。

儘管都是三十二相，但怎能以轉輪王略為遜色的三十二相觀如來呢？

燒香拜佛有用嗎

釋迦牟尼佛這麼一說，須菩提就醒過來了：

須菩提白佛言：「世尊，如我解佛所說義，不應以三十二相觀如來。」

爾時，世尊而說偈言：「若以色見我，以音聲求我，是人行邪道，不能見如來。」

須菩提說：「世尊，按照我的理解，不應以三十二相來觀如來。」

見須菩提已經真正通達了，世尊遂以偈頌宣說自己的真實密意：「若想以色相見我，以音聲求我，此人已步入邪道，無法得見如來本面。」

藏傳佛教的高僧大德，特別喜歡這個偈子。在我的印象中，宗喀巴大師的《中觀根本慧論大疏》、榮索班智達的《入大乘論》、無垢光尊者的《七寶藏》以及米滂仁波切的論典中，都曾引用過。從法身或空性的角度來說，有緣弟子見到佛陀的莊嚴身相，只不過是清淨依他起，並不是真正的佛陀。此外，通過持誦名號、佛經等聲音來求佛，也是不了義的。如來的本來面目，不是眼根所見的色法，也不是耳根所聞的聲音，因此，若以色相、聲音想見如來，此人的修行已偏離了正軌。

當然，此處的「邪道」，並不是指邪魔外道，而是世間執著相狀的見解。《六祖壇經》也說：「正見名出世，邪見是世間。」

《四百論》中講過，佛陀證入究竟涅槃時，無有諸蘊，也無有依蘊假立的我。若把如來看成由蘊而生的色法，這是完全錯誤的。《中論》也說：「邪見深厚者，耽執有如來，如來寂滅相，分別有亦非。」意思是，邪見深厚的人耽執有如來，其實如來是本來寂滅的體相，但他們卻分別如來有或無。按照顯宗和密宗的究竟觀點，心的本性現前時，就是真正的如來，此外並無形象上的如來。

有些人在解釋這段時，沒有分開了義、不了義。其實，若沒有從勝義的角度來解釋，肯定是不對的，這一點大家務必要搞清楚。不然的話，喜歡積累資糧的人，學了《金剛經》以後，可能認為燒香拜佛沒有意義了，因為如來根本不存在。

學《金剛經》，一定不要有這種邪見！在勝義當中，相好確實不能代表如來，如《諸法無行經》所說：「此無佛無法，知是名大智。」這是從空性方面講的。但究竟而言，如來也不是什麼都沒有。

藏文中，在這段經文後還有一偈，玄奘、義淨的譯本中也有，唯獨鳩摩羅什沒有翻譯，可能是梵文中缺漏或整理者疏忽所致。希望大家以後念誦時，能把這個偈子也加上：

「應觀佛法性，即導師法身，法性非所識，故彼不能了。」

藏地大德在引用上一偈時，此偈也會一併引用。意思是說，諸佛的本體，應觀為離戲法性，即引導眾生的導師之法身，它是光明離戲的無為法，非能取所取的境界，故以凡夫的分別念無法衡量。

《入行論》云：「勝義非心境，說心是世俗。」勝義不是凡夫分別念的境界，凡夫的分別念只是世俗諦，故無法測度不可思議的法性。《金光明經》也說：「諸天世人，於無量劫，盡思度量，不能得知。」

第二十七品

無斷無滅

相只是一種因緣

「須菩提，汝若作是念：如來（不）以具足相故，得阿耨多羅三藐三菩提。須菩提，莫作是念，如來不以具足相故，得阿耨多羅三藐三菩提。」

「須菩提，如果你認為以三十二相、八十隨好來認識佛陀的真相，這種想法完全是錯誤的。須菩提，你千萬不要這樣想，因為如來的真相並非如此。」

此處的「不」字，藏文與玄奘的譯本中均無，連貫上下文來看，沒有「不」的話，意思應該更準確。所以，這個「不」字，不讀也行；但因為是諦實語，有加持，讀也是可以的。我個人認為，鳩摩羅什的譯文中，也許本來沒有，後來在流通過程中不小心加上了。

這裡再三地講了「相」，若認為以相獲得如來正等覺，這是不對的。

所謂的「相」是什麼呢？《楞伽經》裡說：「相者，若處所、形相、色像等現，是名為相。」

其實，相只是一種因緣，凡是因緣所生法，都是空相，《大智度論》云：「因緣生法，是名空相。」所以，若執著於依靠相而得無上佛果，就會墮入常邊，始終也不可能獲得無上佛果。

真相並不是什麼都沒有

「須菩提，汝若作是念：發阿耨多羅三藐三菩提心者，說諸法斷滅。莫作是念！何以故？發阿耨多羅三藐三菩提心者，於法不說斷滅相。」

「須菩提，你若認為發了無上正等正覺心的人，說一切法是斷滅的，實相上沒有，現相上也沒有，這種想法也不對。為什麼呢？因為發了無上正等正覺心的人，對所有的法不能說為斷滅相。」

在抉擇諸法時，若認為一切顯現皆無，單單是一個空性（單空），這就是一種斷滅。譬如，有些人聲稱沒有因果輪迴、善惡果報，只存在一個空性，這也是不合理的。真正的諸法空相，應該如《心經》所說：「不生不滅。」

假如說諸法實相只「滅」而不「生」，就會墮入斷滅的邊，其下場連佛陀都無法度化。誠如《中論》所形容的：「大聖說空法，為離諸見故。若復見有空，諸佛所不化。」

從修行上說，僅僅修持這樣的一種滅法（單空），則屬於轉生無色界之因。無色界的眾生雖然安住於一緣等持中，但死時也有趨入後世的行苦，無法超離輪迴。從見解上講，無垢光尊者在《大圓滿心性休息》中，對持此見者有專門批評，說他們是外道派。至於具體分析，在此就不廣說了。

第二十八品

不受不貪

學佛只是為了遣除煩惱嗎

「須菩提，若菩薩以滿恆河沙等世界七寶，持用布施。若復有人知一切法無我，得成於忍，此菩薩勝前菩薩所得功德。」

「須菩提，若有菩薩用遍滿恆河沙數世界的七寶，布施無量無邊眾生，此功德肯定非常大。但若有人通達般若空性法門，了知一切法無我，從無我中獲得無生法忍，二者相比起來，後者的功德遠遠超過了前者。」

供養、布施的功德，對初學者來說非常大。但如果通過聞思修行，對無我的真理生起定解，功德更是不可思議。

大家都知道，如果自己的心不清淨，表面上布施行善不一定有很大功德，但是通過聞思修行，哪怕觀修一剎那的空性，對無生法（無我空性）生起不退轉的定解，其功德也無可言喻。

以前我和有些居士聊天時，他們講：「現在不要說居士不能了達佛法真理，就算出家人也不一定明白。」我覺得他們說得有點道理。如今這個社會，很多人都認為佛法是迷信，或把佛法和氣功、外道混為一談，就算有人學佛，也只是為了遣除煩惱痛苦，根本不懂佛法的真理——無生法門。

曾有一次，外面一個居士給我打電話：「堪布在嗎？」

我逗他說：「勝義當中不在。」

居士問：「到哪裡去了？」

我說：「他到法界宮去了。」

居士接著問：「他在做什麼？什麼時候回來？」

我說：「無離無合地在工作，可能是無來無去的時候再回家裡吧。」

居士還是沒有聽懂：「那你叫他回來時給我打個電話，好不好？」

可見，有些學佛的人對般若空性還是比較陌生。我很希望大家慢慢能明白這個道理，懂得一切法在實相中不生不滅、不來不去，若能證悟這種境界，哪怕只安住於此一剎那，也超過了相似的布施。

修福積德的真正目的是什麼

「何以故？須菩提，以諸菩薩不受福德故。」

須菩提白佛言：「世尊，云何菩薩不受福德？」

「須菩提，菩薩所作福德，不應貪著，是故說不受福德。」

「為什麼無生法忍的功德遠遠超過了財布施呢？須菩提，因為菩薩不受福德的緣故。」

須菩提問佛：「為什麼菩薩不受福德呢？」

「須菩提，菩薩對於自己所修積的福德，不應當貪執，所以說菩薩不受福德。」

●　●

《六祖壇經》說：「不知正法，造寺度僧，布施設齋，名為求福，不可將福便為功德。功德在法身中，不在修福。」從名言現相上說，積累福德資糧，能現前佛陀色身，此因果關係真實不虛；但就勝義實相而言，這也是一種戲論，因為菩薩沒有可得的福德。《心經》云：「無智亦無得。」

菩薩修積福德的目的是什麼？就是最終獲得不執著任何相的境界，此乃最究竟的法性。要知道，貪執佛法也是一種所知障，實相中沒有能得所得，《維摩詰經》也說：「諸法究竟無所有。」既然諸法無所有，同樣，福德也不存在，它只是修道中暫時的所攝之法，以究竟法身來衡量，菩薩根本沒有所得的福德。

總之，空性是諸法的實相，大家應當經常觀修。沒有學過中觀和大圓滿的人，光是閉著眼睛觀想什麼都沒有，先這樣修也可以。不過，《定解寶燈論》中講了，這只適合於初學者，雖可以暫時對治實執，但並非最究竟的修法。

第二十九品 威儀寂靜

無來也無去，所以叫如來

「須菩提，若有人言：如來若來若去，若坐若臥。是人不解我所說義。何以故？如來者，無所從來，亦無所去，故名如來。」

「須菩提，若有人說『如來有來有去、有坐有臥』，這種人並沒有了達我所說佛經之密意。為什麼呢？因為如來沒有來也沒有去，所以叫做如來。」

【如來】

指「如」理如實地「來」到諸法本地的補特伽羅。如來與眾生有很大的差別，凡夫眾生不能叫如來，因為其尚未斷除迷亂的顯現，仍漂泊在生死輪迴中。

稍微了解佛教歷史的人，大多數都認為如來有來有去、有坐有臥，其理由是：釋迦牟尼佛首先從兜率天來到人間，在人間住了八十年後，示現圓寂去往清淨剎土；在轉法輪期間，於鹿野苑、靈鷲山、舍衛城等處皆曾駐足；佛陀日常的行住坐臥，在小乘戒律中也有詳細記載。然而，名言中雖然有這些現象，但這種判斷並未了解如來實相，因為如來是無來無去的，就如經中所云：「諸法自性無所住，無來無去如虛空。」

關於諸佛無來無去的問題，《般若經》中有這樣一個公案：常啼菩薩四處尋覓般若波羅蜜多法門時，有一天來到了一片曠野，見到有位如來現身，並指點他去找法勝菩薩，說完就消失不見了。後來，他歷經千辛萬苦，終於見到了法勝菩薩。當時他問：「我曾見到的如來，是從何而來，去於何處？」法勝菩薩便宣講了《諸佛無來無去品》，講完一入定就是七年。

我以前也看過《諸佛無來無去品》，裡面講了很多比喻，比如陽焰，它沒有來源，也沒有去處，諸法的法性均是如此。

《老婦請問經》中講：「一切諸法皆無生，猶如鼓聲。」敲鼓所發出的響聲，其來源既不在鼓上，也不在手上，以此比喻諸法無來無去。《中論》也說：「不生亦不滅，不常亦不斷，不一亦不異，不來亦不去。」

因此，什麼叫做如來？佛經云：「能悉見、悉知諸法之本性，現前諸法之本性，名為一切智智。」

第三十品 一合相理

一塵中有塵數剎

「須菩提，若善男子、善女人，以三千大千世界碎為微塵，於意云何？是微塵眾寧為多不？」

「甚多，世尊。何以故？若是微塵眾實有者，佛則不說是微塵眾，所以者何？佛說微塵眾，則非微塵眾，是名微塵眾。」

「須菩提，若有善男子、善女人，將整個三千大千世界碎為微塵，其微塵之數是不是很多？」

須菩提回答說：「非常多，世尊。為什麼呢？如果微塵實有，佛根本不會說微塵很多，正因為佛說微塵無實，所以可以說微塵很多。」

微塵抉擇為空性的道理比較難懂，因為微塵非常渺小，人的分別念和智慧有限，總覺得它是實有的。小乘宗認為無分微塵成實存在，是勝義諦；很多外道也認為微塵常有不變。然而，中觀宗和因明宗都不承認微塵常有。對內外道的錯誤觀點，《四百論》《入行論》中皆有大篇幅的破斥。佛經云：「一塵中有塵數剎。」這也說明了微塵非實有。

佛說微塵多，是從名言中講的，若以聖者的入根本慧定或者離一切戲論的智慧來抉擇，微塵的本體都不存在，又何談微塵眾多？經云：「一根髮尖端，不可思議剎，各形皆不一，彼相無混雜。」假如微塵是實有，一根毛髮上怎麼存在無量剎土？正因為諸法是空性，空性中才有不可思議的緣起顯現。

這個世界不常有，也不斷滅

按照佛教的說法，世界上最小的是微塵，最大的是三千大千世界。微塵非實有已講完了，下面抉擇三千大千世界也不存在：

「世尊，如來所說三千大千世界，則非世界，是名世界。」

「世尊，如來在《阿含經》等佛經中所講的三千大千世界，實際上不是世界，只是名稱上叫世界。」

須菩提有時候的境界還不錯，好像在給佛講經一樣，他所說的這句話可以得滿分。

在勝義中，從須彌山乃至微塵之間，沒有一個法是實有的。月稱菩薩在《入中論》中也說：「二諦俱無自性故，彼等非斷亦非常。」不管是器世界、還是有情世界，任何一個法在勝義和世俗中都沒有自性的緣故，不是常有也不是斷滅。所以說「則非世界，是名世界」。

世上沒有一樣東西會實實在在

「何以故？若世界實有者，則是一合相。」

「為什麼呢？因為三千大千世界在勝義中不是世界，假如說世界實有，則已經成了一合相。」

【一合相】

是指對總體相狀的一種執著。比如瓶子本來是由微塵組成，但人們有一個總體的概念，於是把這些微塵的聚合稱為「瓶子」；五蘊中本來沒有我，但眾生也因為有了一合相，就把五蘊的聚合執為「我」。同樣，器世界本來也是由微塵組成，但人們卻把沒有實體的法聚合成一種相狀，進而對其產生實執，這就是一合相。

「如來說一合相，則非一合相，是名一合相。」

「佛陀在經中常說一合相不存在，如五蘊的聚合、時間的相續等全部是假法，並非實有。但在名言當中，暫且可稱為一合相。」

● ●

《四百論》云：「積集假法中，邪執言實有。」對由眾多支分組成的假法，如瓶子、車、房屋，本來無有任何總體存在，而人們以邪執的緣故，在這些聚合中安立種種假名，並執著其真實存在。然而，以勝義智慧觀察時，這些一合相猶如虛妄的影像，並不是真正的一合相，就如《入行論》

所說：「虛偽如影像，彼中豈有真？」

因此，世界不是實有的。《圓覺經》中曾說：「眾生國土，同一法性；地獄天宮，皆為淨土。」

試想，倘若世界真實存在，佛土和眾生的剎土不可能同一本性，地獄和天宮也不可能皆為淨土，正因為世界無實，法性平等，所以才可以這樣承認。

世人喜把「沒有」執為「有」

「須菩提，一合相者，則是不可說，但凡夫之人貪著其事。」

「須菩提，一合相本來無有，遠離言說，但凡夫人卻妄生貪著，將其執為實有。」

瓶子、柱子等一合相，不要說以大乘中觀來抉擇不存在，小乘俱舍中也認為這是一種假象。一合相本來無有，離一切戲論，可是凡夫不懂此理，經常貪著它，故無法照見究竟實相。

所以，佛陀在很多經典中說：甚深的法要，不可對凡夫宣講，因為他們不能接受。《解深密經》云：「我於凡愚不開演，恐彼分別執為我。」《法華經》也說：「凡夫淺識，深著五欲，聞不能解，亦勿為說。」凡夫的智慧淺薄，聽到佛陀講的甚深法要後，本來實相中沒有這些法，他們卻偏偏執為實有，不能通達真正的涵義。之所以不能通達，一方面是根基有限，另一方面，凡夫有很多迷亂的因，就像眼翳者見到空中有毛髮一樣，無法見到諸法的實相。

鑒於此，釋迦牟尼佛在菩提樹下現前圓滿正等覺時說：「深寂離戲光明無為法，吾已獲得甘露之妙法，縱於誰說他亦不了知，故當默然安住於林間。」說完，在七七四十九日內沒有講法。這就是佛最初不轉法輪的原因。

第三十一品

知見不生

取「我」是垢，不取「我」是淨

「須菩提，若人言：佛說我見、人見、眾生見、壽者見。須菩提，於意云何？是人解我所說義不？」

「不也，世尊，是人不解如來所說義。何以故？世尊說我見、人見、眾生見、壽者見，即非我見、人見、眾生見、壽者見，是名我見、人見、眾生見、壽者見。」

「須菩提，若有人言『佛所說的我見、人見、眾生見、壽者見是有的』，須菩提，你怎麼認為？這些人是否通達了我的密意？」

須菩提回答：「沒有通達。因為您所說的這些法，只是暫時引導眾生的一種方便而已，如果他們這樣認為，就無法了達如來所說之經義。因為我見、人見、眾生見、壽者見，實際上並不存在，只是在名言中安立為我見、人見、眾生見、壽者見。假如認為這些實有，則會成為修道的障礙。」

佛陀為什麼提出這個問題呢？因為佛為了調化不同根基的眾生，曾宣說了不同的法門。比如，在初學者面前，講過有「我」的法門，小乘《阿含經》《毗奈耶經》中說，我在實相中是存在的。而且在很多公案中，佛也說了「我」的眷屬、「我」的施主、「我」在因地時轉生為什麼，有時候還會說「我」頭痛，是因為以前當漁夫兒子時如何如何……因此，釋迦牟尼佛在有關經典中，確實講過我見、人見、眾生見、壽者見，有些人就認為這是合理的。

然而，這是不是佛最究竟的觀點呢？須菩提說，這些人並未通達佛的密意。例如，《如來藏經》中雖然說「我」是常有、眾生的佛性不變，但這是從第三轉法輪的光明分來講的。若從第二轉法輪的空性分抉擇，這些也不是真實存在，就如《維摩詰經》云：「取我是垢，不取我是淨。」

對於四見，六祖是這樣解釋的：

【我見】

認為如來藏的本體實有存在。

【人見】

認為眾生的無漏本性實有存在。

【眾生見】

眾生的煩惱本來清淨，認為此清淨部分實有存在。

【壽者見】

一切眾生在實相中不生不滅，認為不生不滅實有存在。

六祖解釋的文字不多，意義卻相當甚深，極為究竟。明白這個道理以後，就會知道佛為什麼說「我見、人見、眾生見、壽者見，即非我見、人見、眾生見、壽者見」。佛陀最究竟、最甚深的法要，全部可以包括在無我空性中，它能毀壞一切邪見。誠如《四百論》所言：「空無我妙理，諸佛真境界，能壞眾惡見，涅槃不二門。」

既然四見本來沒有，為什麼佛陀還要宣說呢？在《入中論》中，月稱論師有很好的解釋：「如佛雖離薩迦見，亦嘗說我及我所，如是諸法無自性，不了義經亦說有。」佛陀雖然已沒有薩迦耶見，但顯現上經常說有我和我所，同理，諸法本來無有任何自性，但在不了義經中針對相應眾生的根基，佛也常說自性實有、我是存在的。

總而言之，四見在名言中存在、勝義中不存在。這裡主要是講見解方面，從見解上抉擇人無我和法無我，在內心中樹立究竟正見非常重要。

先聽，再思，後修

下面作結論：

「須菩提，發阿耨多羅三藐三菩提心者，於一切法，應如是知，如是見，如是信解，不生法相。」

「須菩提，凡是發了無上正等正覺心的人，對一切法應當如是了知、如是照見、如是信解，這樣才能獲得不生法相、遠離戲論的境界。」

本經的教言主要是破相執，故有些禪宗大德又稱《金剛經》為「破相論」。對《金剛經》來講，這一段教言是最深的，如同傳大圓滿時上師為弟子直指心性一樣！

我們學了這麼殊勝的大乘佛法，應該將法融入自心，對法性多多少少有一點認識，知道諸法實相是什麼樣的，沒有相狀到底是怎麼一回事……不管學什麼法門，都應該有如飲甘露的感覺，假如沒有好好吸收，一旦遇到煩惱違緣，聽了多少法也用不上。

【如是知】

指聞所生慧。發了菩提心的人，首先要在上師面前如理聽聞而了知。

【如是見】

指思所生慧。聽聞後反反覆覆在心裡思維，基本能通達諸法的本性。

【如是信解】

指修所生慧。因為所通達的意義一會兒就消失了，故而需要再三修持，以此獲得不退轉的信解。

首先了知、然後通達、最後信解，通過聞思修這三方面，得到的結果是——了了分明、現而無自性的般若空性自然顯現。

這一段的涵義相當甚深，禪宗也有大德依此而獲得開悟的：

大愚守芝禪師，他有個弟子每天念一百遍《金剛經》。一天，禪師問他：「你每天念這麼多遍，《金剛經》到底說了什麼？」他一句也答不出來。

禪師說：「你不用念太多，每天念的時候，應該觀想一下其中涵義。」於是他聽從教誨，內心努力體會法義，每天只念一遍。直到有一次，當念到「應如是知，如是見，如是信解」時，他頓然開悟了。

無相之相，方為實相

「須菩提，所言法相者，如來說即非法相，是名法相。」

「須菩提，如來在諸多經典中所說的法相，勝義中並不是法相，名言中可以說為法相。」

佛陀在《華嚴經》中講了六種相，《解深密經》中講了三種相，《金剛經》中講了四種相，《大智度論》中也講了三種相……但不論相有多少，這一切在勝義中全沒有，都是虛妄的。

無相之相，方為最究竟的相。《六祖壇經》中也說：「無相為體。」倘若沒有離相，就無法證悟人無我和法無我，也不可能現前自然本智。

第三十二品

應化非真

世上有三種功德最大

最後一品是總結性地講《金剛經》的功德：

「須菩提，若有人以滿無量阿僧祇世界七寶，持用布施。若有善男子、善女人，發菩薩心者，持於此經，乃至四句偈等，受持、讀誦、為人演說，其福勝彼。」

「須菩提，若有人以遍滿無量無數世界的七寶來作布施，此功德不可思議、無法衡量。但若有善男子、善女人發了殊勝的菩提心，念誦受持此經，為人演說，即使只有一個四句偈，所得福德也遠勝於前者。」

●

●

【發菩薩心】

我們念《金剛經》時，最好之前能皈依、發菩提心，念完之後作迴向，若以此三殊勝來攝持，不管行持什麼善法，功德都會更加增上。

【為人演說】

大家若有講經說法的機會，應該多講一點《金剛經》。如果傳講全經的條件不具足，那為別人演說下面的偈子也可以，這不需要花很多時間，只要發一個清淨心，功德就非常大，這是積累資糧的最好方法。

為什麼功德很大呢？因為讀誦、受持、演說屬於十法行，而且經中主要講了般若空性，它是一切諸佛的出生處，因此功德不可思議。

米滂仁波切在《智者入門》中說：「世間上有三種功德最大：一是發菩提心，一是宣說大乘佛法，一是觀想空性。」所以，大家應當經常觀想、聞思此經，至少也應每日讀一遍。

前輩大德曾講過：「今生我們得到了人身，若沒有能力聞思修行，每天還是要持誦一點具傳承加持的金剛語，如此可得到殊勝功德。」

有些人認為，拿一百塊錢、一條哈達供養上師，這個功德非常大，念不念《金剛經》倒不要緊，這就是不懂經文的緣故。雖然布施和供養是有功德，這沒什麼可說的，但最大的功德是什麼？觀空性、發菩提心、給別人宣說大乘佛法！

「入定」是不執著任何一種相

釋迦牟尼佛宣講了八萬四千法門，全部是為了引導眾生證悟般若空性，趨入諸法實相。什麼是諸法實相呢？它可分入定、出定兩方面，首先講入定：

「云何為人演說？不取於相，如如不動。」

「怎麼樣為人演說呢？不執著任何一種相，安住於空性中如如不動。」

這是一切禪定的根本。即入定時不緣取任何相，在遠離戲論的空性中如如不動，不起絲毫分別念，猶如虛空。

這種境界不增不減、不破不立，與三世諸佛的智慧無二無別，若能安住於此境界中，則可現見法界實相。如《寶性論》說：「此中無所遣，亦無少可立，於正性正觀，正見而解脫。」

若能真正現前這種境界，已超過發菩提心等任何善法的功德。就像《諸法不可思議經》中所言：「持正法與發菩提心的功德，不及觀空性的十六分之一。」《宗鏡錄》也說：「若人持正法，及發菩提心，不如解於空，十六分之一。」

因此，為他人宣說空性法門，令其稍微在此境界中安住，功德是不可思議的！

「出定」是觀一切如夢如幻

「何以故？一切有為法，如夢幻泡影，如露亦如電，應作如是觀。」

「為什麼呢？因為一切有為法的本體，猶如夢境、幻象、水泡、影子、露珠、閃電，雖有顯現但虛妄無實，應作如是觀想。」

出定的時候，應當觀一切如夢如幻，皆是因緣所生的有為法，實際上並不存在。下面以六種比喻進行說明：

【夢】
由迷亂意識現前的，當時雖有能取所取，但本性絲毫不成立。

【幻】
幻化師通過幻術變出來的事物，其實體根本不存在。

【泡】
依靠因緣而產生，一會兒就消失了。

【影】
因緣具足才出現，似有而實無。

【露】
太陽出來以後，立刻就沒有了。

【電】

前一剎那顯現，後一剎那滅盡。

這六種比喻，一方面說明無自性，一方面說明無常。藏文中沒有「影」，另外還有「如流星、如眼翳、如燈、如雲」，共九種，與玄奘的譯本相同。鳩摩羅什的翻譯，可能是因為梵文版本不同，也可能是譯時漏掉了，但意思沒有太大出入，而且鳩摩羅什的諦實語加持很大，所以這裡不用改。

在講解這部經的過程中，我認為有兩處需要調整：一是去掉一個「不」字，一是多加一首偈子（應觀佛法性，即導師法身，法性非所識，故彼不能了）。這是對照漢藏各大譯本後決定的，有一定的教證理證為依據，並不是隨意改動經文。大家以後念誦時，改過來可能好一點。

關於一切有為法無有自性，《金剛經》講了六種或十種比喻；其他佛經論典中，通常運用幻化八喻；《聞解脫》以十二種比喻進行了宣說。還有，《妙臂請問經》云：「三世一切如虛幻。」《阿含經》云：「色如聚沫，受如浮泡，想如野馬，行如芭蕉，識如幻化。」《中論》云：「如幻亦如夢，如乾闥婆城，所說生住滅，其相亦如是。」……

總之，諸如此類的比喻和教證不勝枚舉。

後善結尾篇

因為皆大歡喜，所以信受奉行

佛說是經已，長老須菩提，及諸比丘、比丘尼、優婆塞、優婆夷，一切世間天、人、阿修羅，聞佛所說，皆大歡喜，信受奉行。

佛陀講完《金剛經》後，長老須菩提及所有的比丘、比丘尼、男居士、女居士，一切世間天人、人、阿修羅，聽到佛陀所說之法，都生起極大歡喜心，信解、領受並依教奉行。

這次講經的過程中，沒有出現任何違緣，順利圓滿地結束了！許多人聽完《金剛經》之後，也生起了很大的歡喜心，不禁讚歎釋迦牟尼佛的功德。

最後，我們將此次講聞的功德，迴向一切眾生離苦得樂、早證菩提！祈願天下太平，風調雨順，六時吉祥！

【後記】

希望更多人對《金剛經》有深入的了解

在學習的時候，有個別的佛教名詞，比如「二諦」、「了義」，可能你不太熟悉。但其內容比較甚深，用三言兩語表達不清，所以你若想進一步了解，不妨多學一下其他的中觀經論，如《中論》《入中論》《中觀四百論》等。

其實，若想證悟般若空性，還是要下一番功夫，它離不開長期的學習、實修，不是看了一本書就能輕易得到的。

值得一提的是，在講《金剛經》的過程中，按照藏傳佛教的傳統，我引用了很多佛菩薩及前輩聖者的教言，以印證其中詮釋的道理。或許有人對此不理解，覺得這似乎多此一舉。但這樣做其實極有必要，否則，只憑自己的分別念，想怎麼講就怎麼講，那到底講的是對是錯？對眾生是藥是毒？這都很難說。

當然，我本人智慧有限，講得不一定非常圓滿，在此只是拋磚引玉，希望更多人對《金剛經》有深入的了解和認識。你若從中得到一點真實的受益，哪怕只有一句，我也深感欣慰了！

索達吉　2013·2·20

能斷　金剛經給你強大

作者　索達吉堪布
封面設計　小山絵
責任編輯　劉素芬
行銷企劃　王綬晨、邱紹溢、劉文雅
行銷企劃　黃羿潔
副總編輯　張海靜
總編輯　王思迅
發行人　蘇拾平
出版　如果出版
發行　大雁出版基地
地址　231030 新北市新店區北新路三段 207-3 號 5 樓
電話　（02）8913-1005
傳真　（02）8913-1056
讀者服務信箱 E-mail　andbooks@andbooks.com.tw
劃撥帳號　19983379
戶名　大雁文化事業股份有限公司
出版日期　2024 年 9 月 2 版
定價　500 元
ISBN　978-626-7498-26-2

歡迎光臨大雁出版基地官網
www.andbooks.com.tw
訂閱電子報並填寫回函卡

國家圖書館出版品預行編目（CIP）資料

能斷　金剛經給你強大 / 索達吉堪布著 . ——二版 . ——
新北市 : 如果出版 : 大雁出版基地發行 , 2024.09
面；　公分
ISBN 978-626-7498-26-2(平裝)

1.CST：般若部

221.44　　113011785